HEALING · HEALTH · HAPPINESS

考拉心研所

向内看的人是清醒的。

我太难了

日常心理困境的
101种治愈方法

[美]阿诺德·拉扎勒斯 / 克利福德·拉扎勒斯 著
贾晓明等 译

CNS PUBLISHING & MEDIA | 湖南人民出版社

图书在版编目（CIP）数据

我太难了：日常心理困境的101种治愈方法 / （美）阿诺德·拉扎勒斯（Arnold A.Lazarus），（美）克利福德·拉扎勒斯（Clifford N.Lazarus）著；贾晓明等译. —长沙：湖南人民出版社，2021. 10
ISBN 978-7-5561-2763-4

I. ①我… II. ①阿… ②克… ③贾… III. ①心理学—通俗读物 IV. ①B84-49

中国版本图书馆CIP数据核字（2021）第177927号

WO TAI NAN LE : RICHANG XINLI KUNJING DE 101 ZHONG ZHIYU FANGFA

我太难了：日常心理困境的101种治愈方法

著　　者　[美] 阿诺德·拉扎勒斯　克利福德·拉扎勒斯
译　　者　贾晓明等
出版统筹　陈　实
监　　制　傅钦伟
产品经理　张玉洁
责任编辑　张玉洁
封面设计　刘　哲
责任校对　夏文欢

出版发行　湖南人民出版社有限责任公司 [http://www.hnppp.com]
地　　址　长沙市营盘东路3号，410005
电　　话　0731-82683311

印　　刷　长沙艺铖印刷包装有限公司
版　　次　2021年10月第1版
印　　次　2021年10月第1次印刷
开　　本　880 mm × 1230 mm　1/32
印　　张　9.5
字　　数　120千字
书　　号　ISBN 978-7-5561-2763-4
定　　价　49.80元

营销电话：0731-82221529（如发现印装质量问题请与出版社调换）

推荐序

1970 年，我第一次见到阿诺德和克利福德，那时我是耶鲁大学医学院精神病医院的一名住院医师。后来，阿诺德成了耶鲁大学心理学院的客座教授和临床培训主任。我照顾过 9 岁的克利福德和他 11 岁的姐姐琳达。回想那时，克利福德喜欢放风筝、玩玩具火箭船，而且变得越来越顽皮，但是，很明显他是一个聪明的孩子。看到阿诺德取得如此卓越的成绩，看到他的儿子克利福德获得了临床心理学的博士学位，开始“站在他父亲的肩上”，而不是仅仅追随父亲的脚步，我十分惊叹。除了进行心理治疗的基础训练外，克利福德花费了 5 年的时间在一个精神病治疗机构领导一个研究小组，致力于评估新一代精神病治疗药物的疗效。同时，他在神经心理测量方面也十分专业。

很明显，在这本富于教育性、令人愉快的书中，作者将复杂的材料撰写成了易于理解的文章。简单地阐明心理学、精神病学和心理卫生的重要性，我自己的书中也显示着这一追求。在这么小的篇幅中包含着如此大量、有用的信息，真的让人惊叹。这对父子很擅长开门见山，通过清晰的方式阐明自身的观点并提出建议。读者一旦采纳这些建议，便可以提高生活的品质。

我最喜欢的一点是，这本引人入胜的书阅读起来很轻松。每一个章节读者既可以快速浏览，也可以精读，而不用费力阅读冗长乏味的材料（不幸的是，很多书都是这样）。每章的开始都有一个实际的案例。智慧的精华在于每一个人都可以发现有趣的信息并将其运用于个人生活，这对父子为你和你爱的人提供了很多保持心理健康的方法。这本家庭应备的书是座宝藏，可以不断地加以运用。我希望能有更多的人读到这本有吸引力的书。

——哈罗德·布卢姆菲尔德（Harold H.Bloomfield），医学博士，畅销书《如何治疗抑郁症》的作者

译者序

简单并深刻着

有幸成为这本书的译者！

本书不仅是心理咨询与心理治疗专业人员用于教学、临床实践的范本，也是大众用于心理健康的自助手册。本书无疑是一座促进人们健康快乐的宝藏。

觉得本书最值得推崇的是它的风格：简单而又深刻。

简单是指涉猎的每个心理健康问题和专业理论表述得简洁、清晰，又富有逻辑，并且重要观点突出，可谓短小精悍。

深刻是因为作者表达的各种观点又多来自科学研究和临床心理实践，来自作者的专业思考，富有哲理、充满智慧，而非信口开河、吸引人眼球。

本书涉及广泛的心理健康领域，既有对常见心理问题的理解，更有应对各种心理困扰的高招，就像生活小窍门。让我暗自得意的是，在翻译过程中，发现自己在生活中原来不知不觉使用了许多本书介绍的有利于健康快乐的方法，如醍醐灌顶。虽然已从事多年心理咨询和心理健康教育，但仍从本书获益良多。

本书的作者是本人喜爱的学者类型。觉得最难做的学问就是将精深的专业理论用简单、易懂、可操作的方式传达出来，使读者易于理解与掌握。作者轻松地做到了这一点。

同样，也欣赏作者严谨的科学态度，即使书中介绍的各种技术方法有其有效性，也没有将这些作用无限夸大。任何技巧方法都不可能包治百病。就像书中提醒的那样，由于个体的差异性，有的人仍需寻求专业的帮助。

本书由本人和本人的研究生共同完成。有趣的是，翻译过程，也是实践书中技巧方法的过程。累了，做两分钟放松，像书中说的，只要两分钟便能获得能量继续工作。想吃零食的同学默念书中关于减肥的忠告：远离食品、坚持运动！也算学以致用。

本书翻译的具体分工为：贾晓明、张蓓蓓（第1—33章），游琳玉（第34—40章、第51—64章），张琳（第41—50章、

第82—87章），唐信峰（第65—81章），郭潇萌（第88—116章）。本人审校了全书。享受着翻译专业书籍的快乐，感受着书中所传达的专业智慧，这便是师生共同拥有的一笔财富了。

强烈推荐这本书！书中简单而深刻的应对生活的策略与方法，可以助你达成幸福和快乐！如果你愿意试一下的话！

贾晓明

前　言

作为每周一小时的热线谈话脱口秀的搭档主持人，我们被要求在周一至周五每天下午 5 ～ 6 点的一个小时新闻里，讨论一个心理健康问题来作为一部分节目内容进行播放。

提供简单直接的心理健康策略，并强调心理学和精神病学其他方面的一些内容，似乎是一个很吸引人的想法。鉴于我们的脱口秀节目需要一些准备（特别是当遇到一个能言善辩的观众或者来电者提出很有趣的话题时），每天的“心理健康问题”需要写出来，然后仔细改编。我们每一个人需要收集三四个问题，然后在播音室将其录音，按顺序阅读每一段落。将这些技巧、主题和片段集合起来需要大量的时间和想法，当一些朋友和听众提出将其出版会十分有价值时，我们毫不犹豫地进行了尝试。

读者会发现在一些章节中有重复性的材料，这是因为这些材料在广播中是以不同的顺序呈现的，与书的结构有些偏差。我们考虑过在编辑中删除那些重复的内容，但是后来改变了这一想法，因为通过再三强调这些重要的事实，它们将产生更大的影响。

我们喜欢那些不需要从第一页一直阅读到最后一页、可以有选择性地浏览的书。本书可以以任何顺序进行浏览。浏览每一章节然后选出自己感兴趣的部分是十分容易的。简短的评论可以提供轻松消化的精神食粮、富有帮助性的提示和有价值的片段。我们十分感谢苏姗·克里格（Susan Krieger），她阅读了所有原稿并提供了很多有用的建议。

我们真诚地希望这本书所包含的信息是富有教育性和有帮助的。据我们所知，市场上并没有此类书籍，我们希望这本书能够拥有新泽西中部以外的读者。书中所表述的观点不代表普林斯顿 WHWH-AM 电台经营者的观点。

目录

第一章

保持理智的策略

第三章

用行动展现你自己

第四章

建立成功的亲密关系

第五章

有效沟通

第七章
处理抑郁、愤怒和情绪

第八章
管理你的体重

第九章
如何选择心理治疗

第十章

更多的心理健康问题

第一章

保持理智的策略

对很多不幸的人来说，自我对话是告诉自己自身所犯的错误。他们常常在潜意识内重复“我很愚蠢”“我很自私”“我看起来像个傻瓜”“我常常说错话”“我是一个彻底的失败者”等自我挫败的话。还有更糟糕的情况：有一些病人，他们自我对话的主要内容是“你如此愚蠢和不称职，所以你不值得拥有哪怕一丁点儿的快乐”。

消极的自我对话常常导致焦虑、抑郁以及其他一些不幸的结果。这种自我实现的预言十分普遍：当你越执着地揣测一件事，则这件事就越容易发生。（参见“自我实现的预言和负性循环”和“更多关于自我实现预言的介绍”）

幸运的是，反之亦然。积极的自我对话可以带来满意的结果，使人产生良好的感觉。在面临困难的时候，哈莉特说：“现在的情形如此无望，我不能忍受。”格伦达说：“我们没有理由失望，我会放轻松，慢慢来。我一定会成功。”这些人态度上的差别是显而易见的。格伦达因为自身积极的看法，成功的可能性更大。

改变我们的自我对话会有帮助吗？答案是肯定的。经常告诉自己“你会失败”，那么你肯定会失败；经常告诉自己“你会成功”，那么你成功的可能性会极大地提高。

✦ 告诉自己过去的成功、自己做得很优秀的事情、自己克服困难的时刻以及感觉良好的情形。

就像你以前可以自我感觉良好，现在也同样可以；你以前可以战胜困难，现在也同样可以。与其他人相比，大部分成功的人都有更多失败的经历，这是因为他们勇于尝试更多事物。亚伯拉罕·林肯经历过两次商业失利、在七次选举中落选，但是他依然相信自己以及自己的梦想。

成功的人：

✦ 不会聚焦于失败。（这样做没有任何意义）

✦ 将错误视为成长和成熟的经历。

✦ 不会沉溺于自我谴责之中。

请牢记，傻瓜和智者之间的差别并不是智者不会犯错，而是智者能从错误中学习，且不是告诉自己“犯错是如此愚蠢”。

最重要的是：

“你应该经常告诉自己一些你希望别人讲给你听的话。”

2
想象的力量

比尔和鲍勃在同一家大型公司做小职员时相识，现在已是多年的好友。他们都十分热衷于高尔夫，并且会定期一起打。这些年以来，与比尔相比，鲍勃似乎晋升得更快，而且他的高尔夫水平也比比尔提升得快。当比尔询问鲍勃成功的秘诀时，鲍勃只回答了一个词——“具象化”。

并不是每一个人都可以在头脑中将场景和事件构想得如照片一样清晰，但是我们都拥有想象画面的能力，只是想象出的清晰度有所不同。例如，如果有人问你，你的房子有多少个窗户，你肯定会在脑海中勾画出一幅房子的图像，然后进行计算。

关于正面思考的力量，每一个人都有所耳闻，但是正面想象的力量更加强大。在大多数情况下，在你真正有能力做某件事情之前，你首先应该想象出自己正在做这件事情。

假如你想向老板要求加薪。你能够想象出你去找他并提出加薪的要求吗？你能够看到自己正在做这件事吗？如果你的答案是否定的，那么很明显，你肯定会避免与老板真正接触，并且仍然保持现在的工资水平。

另一方面，如果你能想象出这一场景：如果你能看到自己冷静而自信地说出加薪的理由，那么你肯定会采取行动。

很多著名的运动员在实践之前，都会通过想象设计自己的动作。例如，滑雪冠军想象他们越过每一个滑坡，网球冠军想象他们成功地发球，芭蕾舞演员和体操运动员在想象中的练习动作的次数和实际训练的次数一样多。

我们要做的其实很简单，但是十分有效：

✦ 如果你希望在某件事上取得成功，那么请反复想象自己成功完成了这件事。

显然，我们所想象的事情都是我们可达成的，你在不可能达成的事情上永远不会取得成功，不论你在想象中实践了多少次。

最有力量的方法之一正是“意向控制法”。

✦ 比如：想象你正在处理十分困难的事务；看到自己正在努力、挣扎着与困难作斗争，但即使如此，你依然战胜了困难，最终取得了成功。

重复这一实践可以在很多情形中提高实际成功的可能性。实际上，我们所提倡的是一种结构化的幻想。尝试一下，看看它可以带来怎样的变化。

3
改变你的思想

乔治在成年后变成一个悲伤且焦虑的人，他的妹妹詹妮在默默地看到他多年的痛苦后，建议他去接受心理治疗，并且告诉他自己曾在寻求治疗后获益良多。但是乔治却说："哦，何苦呢！在你寻求心理咨询时，你还十分年轻，尚可以有所改变。我年龄太大，已经习惯了自己的方式。江山易改，禀性难移。"

很多人会事先假定我们不能控制自己的思想。如果我们的思想中充斥着压抑的画面或使人沮丧的想法，我们便只能随时感到郁闷。

如果你的思想一直关注于自身不足或错误的地方，你便会感到无力和糟糕。

如果你的思想一直重复地告诉自己，你无法完成这件事情，或你不了解那件事物，你便会认为你确实只能这样。

实际上，我们可以改变和控制我们的想象和想法。人们常说："这就是我。"这是错误的。要看谁真正处于主导的地位。

我们的思想按照既定的模式运行。这意味着如果你曾像小孩子一样被轻视，你的思想会记录这一事实，并在每一个适当的机会中将其再现。如果你曾经在数学中有一段糟糕的经历，那么你的思想会使你远离所有与数字相关的东西。

所以，10 年、20 年、30 年甚至更多的时间过后，你的思想仍然会告诉自己你不能学数学，而且不会为你提供任何机会进行尝试。思想中的大部分消极模式都是由这些自我限制组成，它们极大地阻碍了一个人自身潜能的发掘。

但是你不必纠结于你的思想是如何组织的。

✦ **你可以成为自己的“程序员”，管理和控制自身思想的产物。**

不同的思想训练方法有不同的名称：心理练习、具象化、意象导引、心理脚本、自我催眠、图像预演。我们更倾向于采用“心理练习”这一术语，因为我们需要对思想进行训练，从而获得自己想要的事物。

这是最强有力的心理训练技术之一。很多专业运动员经常采用这一技术，并且重复进行操作。

✦ **想象你得到了一个对自己而言十分重要的东西，将其一遍又一遍生动地想象出来。**

很有可能这一事件接下来就会发生在你的身上。

另一个强有力的改变你想法的技术是：

✦ 将你的消极的想法和悲观的自我陈述视为一群调皮的孩子，并与其进行对话。

这样的话，下一次你贬低自己的时候，例如你对自己说“我很愚蠢！”或者“我是一个如此懦弱的人！”，立刻告诉自己“不要再使用‘愚蠢’或者‘懦弱’之类的词语，振作起来！”，然后看看会发生什么。你可能会大吃一惊。

我建议你现在接着读下一节“获得心理平衡”，并且对上一部分“与自我对话”进行回顾。

4
获得心理平衡

莫莉在她朋友的眼中是一个过度消极的人。她们发现“莫莉倾向于看到事物的阴暗面，并且她不会从自己的经历中看到积极的部分”。她的一个朋友认为她是“心理失衡”，并且希望帮助莫莉找到一种方法去获得更加平衡的观念。

简单来讲，大脑跟肌肉十分类似。肌肉通过使用和训练可以变得更加强健，同样的，大脑通过使用和心理运用也可以获得发展和改变。

想象一下，如果一名举重运动员对自己的右臂有更大强度、更长时间的训练，而完全忽视了自己的左臂，会发生什么。随着时间的推移，训练良好的右臂会比缺乏训练的左臂更加坚硬、巨大和强壮。

当这种肌肉不平衡和不对称加剧，影响身体的平衡时，举重运动员就需要对左臂进行更大强度的训练（相对于右臂而言），否则这种不平衡不会消除。所以右臂每做一次训练，左臂需要做两次、三次甚至更多次以赶上右臂。

在大脑中的训练，实际上指思考、具象化，或者用任意几项心理活动来刺激大脑的某一部分，使其开始工作。最近有一些证据表明，某些想法是由特定的大脑结构所控制，这些结构通过使用可以得到发展和增强。

如果一个人频繁地进行消极、焦虑、压抑的思考或者有令人心理紧张的想法，那么控制这些心理活动的区域很有可能通过使用而得到加强，从而导致不良想法以更高的强度和频率出现。同样的，大脑的其他区域控制积极和中性的想法，这些区域通过使用也可以得到增强。

如果你对自身消极的“心理肌肉”有过多高强度的训练，那么

✦ **你可以增强积极的心理区域，以得到心理平衡。**

就像你可以通过反复使用使某一块肌肉变得强壮。

✦ **对每一个消极的想法、想象和观点，努力寻找一些更为积极的或中性的替代物。**

你可以在每一次出现消极陈述或悲观想法的时候，控制住自己，让自己立即关注一些乐观的或令人愉快的想法。

久而久之，这种心理练习可以使这些大脑区域得以平衡，你便可以从心理平衡中获益。

5
锻炼你的大脑

我们在上一节中所提到的莫莉，她并不知道，可以用一些特定的方法来保持观念的平衡。当一个朋友向她提出建议时，她说："我很满意现在的自己。而且改变自己真的很难！但是，如果其他人介意又怎么办呢？"

莫莉在有一点上是对的：保持心理的平衡需要很大的努力，就像我们需要通过锻炼来获得和维持身体的健康。但是，就像以下内容所呈现的那样，还有一些很简单的方法，而且实施起来并不困难。

每个人都知道锻炼有益于身体健康。但是心理健康呢？已有研究显示，身体健康与心理健康息息相关。锻炼身体有益于心血管的健康，它可以帮助预防大脑的退化。接下来，让我们来谈一谈大脑或心理的训练。

与好的身体机能一样，大脑的能量来源于运动。定期的锻炼和心理的运动可以使精神更加警觉和机敏，防止衰老。还有一些证据表明：在晚年，一直通过刺激和挑战认知能力来保持心理活跃的人，记忆紊乱的发生概率较低，包括老年痴呆症。

每当你学习新东西的时候，即使只是一个简单的新单词，神经细胞末端的质量也会发生改变，神经冲动的传递也会增强。

你可能听说过，在我们的一生中，我们只用到大脑潜能的一小部分。但是，有明确的证据表明：大脑的功能完全可以改变，我们拥有学习新事物的巨大潜能。这称为“神经可塑性”。

就像有很多身体或肌肉训练方案一样，大脑或心理训练的方法也很多。这里有一些比较普遍的方法：语言学习、词汇积累、各种心理游戏、雕刻和绘画。

还有一些日常使用的心理练习的方法，例如：

✦ 当你遇到交通堵塞或者在超市结账排队的时候，积极地观察你周围的环境，谨慎地关注你视野范围内的人、场所和物体；

✦ 走进一个房间，仔细关注人数、人们所穿的衣服、家具的摆放位置和其他物体；

✦ 写下你所经历的事件中你能记起的所有细节；

✦ 桥牌、象棋、跳棋、填字游戏之类的游戏，可以保持大脑的活跃；

✦ 锻炼、伸展、散步之类的身体运动有良好的效果，挑战你的大脑亦是如此。

最后提示：单调和重复性的工作不是一个好的大脑或心理练习的方法，我们需要尽可能接触多种多样的事物和刺激。

6 改掉坏习惯

康斯坦斯发现自己又在拔头发，在她生命中的大部分时间里，她都这样做。但是在最近的几个月中，她开始意识到她的头发真的变薄了。她知道她必须停止，但是她怎样才能改掉这个已经持续了 15 年的坏习惯呢？

休希望自己可以停止咬指甲，他说："这个讨厌的习惯似乎对我有很强的掌控力！"不幸的是，他咨询了一位心理治疗师，这个治疗师坚持认为，有必要去探索休的潜意识动机。结果证明，这是一个既浪费时间又浪费金钱的方法。

很多人有一些很简单但是很讨厌的习惯，而且他们发现这很难改掉：咬指甲、拔头发、抠抓皮肤以及其他一些令人苦恼的行为。

习惯消除法在改掉坏习惯方面很有效果，不论这些习惯的本质是什么。康斯坦斯和休可以从习惯消除方法的五个主要步骤中开始改变：

✦ 第一步：认识到习惯是一个强大或持续的冲动，但是它并非根植于更深的心理问题之中。

不幸的是，仍有很多心理治疗师认为简单的习惯背后必然存在更深层次的意义，为了成功地改掉习惯，必须发掘和治疗这些深层次的问题。而最新的证据表明这是错误的。

✦ 第二步：对习惯保持准确的记录，并计算其出现的次数。

有证据表明：计算和保持记录的过程可以给个体一个控制习惯的直接意识。

✦ 第三步：培养一种意识，去关注触发或导向坏习惯的一系列事件。

例如，你可能会发现，那些很少注意的小事件，如无聊、看电视、聊电话、开车以及做常规工作，常常会引发你想要改掉的坏习惯。

✦ 第四步：学习放松的方法，作为对抗坏习惯的一个途径。

一旦你意识到自己有屈服于坏习惯的想法时，立即坐下或躺下，然后慢慢地、有节奏地呼吸，同时谨慎地释放你身体的紧张和不安。这会是一个很好的替代方法。

✦ 第五步：寻找一个与坏习惯互不相容的替代物。

例如，用刷牙来替代吃甜点，用爱抚猫咪来替代拔头发，用你的手来做园艺、绘画、打字或其他的事情，而不是咬指甲或扳指关节。

如果你真的想改掉某一习惯，这简单的五个步骤肯定会产生效果。

7
使用情绪温度计

罗尼很容易发脾气，她很敏感，在大多数情境中经常会放大情绪。一位近亲这样评价她："罗尼对于任何一件事的反应，都会超过普通人的最大值。"

有时，一个很简单的方法可以使一个反应过度的人变得反应恰当。

人们倾向于放大情境，从而导致不必要的苦恼、焦虑和情绪混乱。

大多数人是如何使自己烦乱不安的？主要是通过小题大做。他们不会意识到某些事只是很讨厌、令人恼怒或使人沮丧，从而做出恰当的反应；而是会把事件放大，然后让自己的感觉糟糕至极。

罗尼提供了一个典型的例子：当她的公公婆婆吃晚餐的时候，她的婆婆说土豆泥结块了。即使婆婆是吹毛求疵，一般人也会认为这种贬低对他们来说顶多是个刺激。然而，罗尼却感觉受到了很大的伤害和侮辱。

所以，我们建议你：

✦ **使用“情绪温度计”，数值范围为 0 ~ 100。**

“0”意味着每一件事都进展得很好，没有过度的紧张，“100”则表示有些事情真的十分危险和悲惨。

那么罗尼婆婆的评论该给多少数值呢？肯定是在 5 ~ 10 之间，但是罗尼似乎给了 95 的数值。类似的，当她 6 岁大的儿子由于在班级骂人而被课后留校时，罗尼会给 50 ~ 70 的数值。如果罗尼是我们的病人，我们会鼓励她重新校正事件，那么她就不会再反应过度了。

这个过程很简单，但是十分有效：

✦ **当你感觉心烦的时候，在情绪温度计上打出一个合理的数值。**

询问自己，感觉的强度是 10、超过 20 或 30，还是可能达到了六七十。

我们的一个病人说：“当我感觉愤怒或心烦的时候，我学会询问自己我是正常的反应还是过度反应。这帮助我打出一个合理的数值，然后我的感觉发生了改变，因为这一数值常常比我想的要少。”

问题就在于贴错标签。当某一事件仅仅只是有点麻烦

（troublesome），但是你却评价它很可怕（awful）、糟透了（dreadful）或者极其严重（terrible），你便会过度反应。“你想什么，就会有什么感觉。”所以当你下一次对某事感觉心烦的时候：

✦ 努力在情绪温度计上打出一个合理的数值，然后看看自己是否感觉不那么心烦了。

8
想象一个属于自己的避难所

利昂有一份很费力的工作，常常会感到过度劳累。当医生告诉他他的血压太高时，他更加担心了。他与一个好朋友讨论了这一情况，这个朋友提到了他从一个心理治疗师那学到的心理想象的方法。起初，利昂感觉这个方法很荒谬，但是他还是决定尝试一下。最终，他收获了令人满意的结果。

擅于运用自身想象力的人有一项现成的技能，这一技能可在很多情境中产生良好的效果。

其中一个有效的方法是：在你的想象中，创造一个自己的房间。

这是一个十分特殊的房间，大小、布局、陈设和颜色都是你喜欢的样子。

然后它便成了你私人的、与众不同的地方，一个你可以随时拜访的避难所。当你需要庇护的时候，当你需要一个地方来使自己放松、养精蓄锐、振作起来，而后继续行走和思考的时候，或者有任何其他的理由，你可以很迅速而且很容易地躲进这个房间。

这个步骤十分简单：让自己尽可能地舒适、放松，然后闭上眼睛，让精神以独特的方式、在自己的领域中开始创作，去想象一个十分特别的场所。你可以尽可能地使这一场所安全和私密，并且以你喜欢的方式布置。这是一个属于你自己的房间，其他人都不知道。最好的一点是：任何时间只要你想去那儿，你就可以去。

不用着急……当你头脑中有这样一个场所时，就可以尝试一下。在它周围散步……如果有窗子，那么看看窗外的景色……体验它的感觉、味道和声音……看看它是否适合你，并牢记：你心理的能量几乎不受任何的限制，你可以改变任何你想改变的，让这个独特的场所以你所希望的方式存在。

在这个想象的房间中，你可以完全做你自己……你可以与自身的内在资源进行接触……你可以意识到自身的优势和积极的感觉……你可以决定什么是你最喜欢的东西……你可以计划你希望做出的改变……你可以做在那个时间内任何你想做的事情。

✦ 经常拜访这个特殊的房间。

你在脑海中越多地想象它，它就会越快、越容易成为现实。

即使只有 5 ~ 10 分钟的逗留，也可以使你感到安慰和充满能量，就像你所希望的那样。

当你离开这个房间的时候，你会重新变得机敏，充满能量，恢复精神并且为迎接后续的工作做好准备。

俗话说：“既来之，则安之。”只要你能想象出一个属于自己的、私密的避难所，无论你身处何方，你都拥有一个可供藏身的情感安全之所。

9 采用矛盾意向[①]的技术

克雷感觉无能为力，他的岳母常常以人身攻击的方式向他提出一些令人讨厌的建议。他多次与她进行面对面的对峙，但是这只会使矛盾进一步激化。“我怎样做才能让她不再来烦我？”克雷问道。当克雷学习了矛盾意向的技术后，他岳母的攻击便终止了。

心理学中有一个十分重大的发现是：

✦ 通过努力使行为、想法和感觉变得更糟，你可以更好地纠正和改变它们。

对于有破坏性和不合理的事物，我们提倡积极的应对（“这真是了不起，你为什么不接着做下去？”），而不是消极地去

① 矛盾意向法是德国心理学家维克多·弗兰克尔提出的。他鼓励来访者越是害怕什么，就越在意向中努力让这件事发生。
矛盾意向法的核心，就是让你放弃对害怕事情的逃避，相反，通过引出让你害怕的事情，来达到消除它的目的。

应对（“停下来，够了，我们不喜欢它！”）。

一个不停地吮吸自己手指的5岁女孩的事例说明了这一点。她的父母通过强迫她吮吸自己手指，并且不让她从嘴中拿出手指，成功地消除了她的这一习惯。

奈特·邓拉普（Knight Dunlap）博士是最早提出通过故意增加习惯发生的次数，从而纠正个体诸多坏习惯（例如咬指甲、抽搐和口吃）的心理学家之一。在专业术语中，这被称作“消极练习”。

同样的，著名的精神病学家维克多·弗兰克尔（Victor Frankl）博士开始采用一项被他称作“矛盾意向”（故意做你并不想做的事情）的技术来帮助人们控制各种各样的问题。

这是一个很简单的临床实例：莉斯在与马蒂约会的时候，一直不断地询问：“你爱我吗？”马蒂向她保证并且重复了很多次，但是这并没有让莉斯停止询问，所以马蒂既心烦又愤怒。最终有一天，当莉斯再次询问时，马蒂说：“不，我讨厌你，我在你身边只是想折磨你。”

适当地运用“逆反心理”，可以终止愚蠢的游戏，以及人们强加于他人身上的毫无意义的考验。

我们的一个同事在运用矛盾意向方面是一个专家。最近，在一次聚会中，当他公开支持一个不受欢迎的观点时，有人朝他喊："你真是一个愚蠢的傻瓜！"他并没有反击，而是说："我知道我特别愚蠢，我的愚蠢超出了限度，请问我对它可以做些什么？"羞辱他的人无话可说，在场的每个人都笑了。

"矛盾沟通"和"嘲笑"之间的区别是什么？"嘲笑"是用幽默伪装的敌对，它的目的是伤害，常常很尖锐和刻薄。矛盾陈述常常用来回应某些人无益的话语和行为，目的是通过放大荒谬的言行从而解决和澄清问题。

嘲笑的话语十分尖酸刻薄，矛盾的话语则十分幽默。

10
增强五官感觉

斯坦被其他人描述为“活在外太空”。他似乎沉溺于抽象的智力问题，而排斥其他一切外在的事物。他承认他并不是十分喜欢食物、性、音乐或者社交聚会，他常常排斥生活中大部分的乐趣。

斯坦是一个十分极端的个案，我们每一个人都可以为生活增添更多的趣味和快乐。怎样做呢？通过陶冶我们的情趣。我们中的大部分人都与感官乐趣隔绝了，这主要是因为如今的世界充斥着太多信息。我们被各种视觉和听觉的提示所轰炸，一连串的景象、声音和其他的感觉输入，使我们变得麻木。

如今，谁有时间或愿意花时间来进行完全的放松，欣赏一次美丽的日落、繁星点点的夜空或者是一个音乐片段，享受一道美味的佳肴、一次老式的按摩或者是一束花的芳香？

使我们的生活变得有意义的大部分欢乐和刺激都来源于我们的五官感觉——视觉、听觉、触觉、嗅觉和味觉。

✦ 你越多地发展和注意自身的感觉，你就会拥有越大的潜力去享受生活。

阿尔伯特·爱因斯坦强调使用和整合各类感觉的方法十分著名。有数据表明：感官刺激活动可以扩张和丰富大脑中的某些神经细胞。也有这样的说法："努力取悦你的眼球。"实际上，人体大多数的感觉器官聚集在眼睛中。

✦ 努力享受大自然的乐趣——天空、树木、花朵、水流或者其他任何你喜欢看的东西。

✦ 努力使你所有的感觉变得敏锐。

寻找幸福的味道——烤箱中苹果派的香味，或者新鲜花朵、香草、香料的味道，或者薰衣草、薄荷、玫瑰、香草、橘子等精油的味道……

✦ 听你喜欢的音乐，适当的音乐可以抚慰受伤的心。

你还可以按照以下步骤来激活你的触觉：

✦ 拥抱爱的人。

✦ 关注不同物品的纹理结构。

✦ 爱抚可爱的小动物。

✦ 给别人做一次或让别人给你做一次背部按摩。

✦ 泡一次温泉。

✦ 放松地洗一次澡。

✦ 仔细地品味食物。

调整和注意自己的感觉对身体和心理健康有极大的益处。

11 问题解决

艾力克经常沉湎于顾影自怜："我有很多问题，但是我不知道该怎么做，从哪里入手。"实际上，艾力克的这些问题与大部分人一样——他并没有尝试去处理任何一个问题，所以会感觉这些问题难以应对。后来，艾力克学习了一个问题解决五步法，以问题解决为导向，然后，这些问题开始向好的方向发展和改变。

问题是不可避免的。有些问题十分简单或直接，不需要过多思考和计划便可以很容易地解决；但有些问题十分复杂多面，直接和简单的方法难以处理。

令人惊讶的是，尽管我们大部分人都受过学校教育，但只有很少一部分人学到了解决问题的思维，特别是在处理日常的社会关系方面。

不论问题的本质是什么，复杂程度如何，以下所介绍的五步法都能切实可行地解决问题。

✦ 第一步：尽可能清晰而具体地定义问题："到底是什么困扰着我？"

✦ 第二步：尽可能多地想出合理的潜在解决方案。

重要的是，这一步主要在于想出多种多样的解决方案，而不用去评估其是否值得和实用。通过拿出大量的解决方案，从中得出质量最优的方案。所以，在这一步骤中，可以想出任意的方案，即使这个方案看上去十分荒诞。

✦ 第三步：评估每一种解决方案是否值得或实用。

通过对每一个解决方案进行直接的优劣分析来进行评估。每一种解决方案的优势和劣势包括哪些？当这一步骤完成的时候，某一个解决方案会脱颖而出。

✦ 第四步：实施最佳方案。

✦ 第五步：评估该实施方案的有效性。

如果确实产生了效果，那肯定没有问题。如果失败了，没有获得预想的结果，那么再回到第三步，实施剩余方案中最好的解决方案。

如果依然无效，那么回到第二步，想出其他可能的解决方案。必要的话，通过重新定义原始问题，再次开始这一过程。

12
冥想（一）

当欧文被建议用冥想的方法来应对压力时，他对这一方法十分不屑。他嘲笑道：“我这辈子都不可能觉得打莲花座有用。除非你是印度人，否则你不会从这一技术中有所收获。”很不幸，欧文的偏见使他不能习得这一帮助了很多人的重要方法。

冥想包括各种涉及心理及生理的方法，这些方法可以减少紧张和焦虑，提高生活满意度及挫折承受力。大多数冥想技术都十分古老，并且常常与东方哲学和印度大师的教义相联系。

“超觉冥想”，简称TM，可能是最著名的冥想方法，它常常与印度大师玛哈里希·玛赫西·优济瑜伽士（Maharishi Mahesh Yogi）联系起来。19世纪50年代，马哈瑞希大师开始在印度教授这一技术，最终发动了世界范围内的TM运动。

19世纪60年代末70年代初，TM运动席卷了美国，很多人向TM老师学习如何通过TM的方法来发掘自己的潜力。

很多TM的支持者会对其优点进行夸大（认为它可以提高

智力、消除困倦、治愈心理问题），使其变得神秘莫测。除了那些没有依据的传言，TM 及其他与冥想相关的技术对促进心理和生理健康有很大的作用。

冥想是一个很自然的过程，可能是“第四种意识状态”，与清醒、睡眠和做梦截然不同。冥想不需要任何的心理或生理控制以及剧烈的生活方式或信念系统的改变，它也不包括催眠或暗示。

实际上，冥想的方法可以使我们处于代谢减退的过程之中，在这一过程中，自主神经系统的活动会减少，使人心跳减缓、血压降低以及更有效地呼吸，从而产生一系列积极的心理作用，如降低担忧和焦虑的水平以及促进情感健康。

13
冥想（二）

特里走进了办公室，向秘书进行了自我介绍，然后坐在那里等待老板的面试。在等待的时候，他短暂地闭上眼睛，采用他所学到的快速冥想的方法。不到半分钟的时间过后，他感觉自己冷静了下来，为接下来的面试做了充分的准备。

那么，一个人如何进行冥想呢？它的主要步骤如下：

✦ 第一步：进入一个舒适、放松的状态。

你可以坐下、斜倚或躺下，只要这个姿势能让你感觉很放松。

✦ 第二步：均匀地进行深呼吸。

吸气时，腹部微微鼓起；呼气时，腹部微微收缩，而不是扩张或收缩你的胸部。慢慢地吸气、呼气，注意呼吸的深度，确保你可以轻松地驾驭。

✦ 第三步：想出一个中性的或积极的有两个音节的词。

任何词语都可以，只要它不会让人们有消极或不安的联想，我们暂且称之为“祷语”。人们在冥想的过程中一般会将注意力集中于这个词。

例如，我们用“放松”这一词作为我们的祷语，在轻松地呼吸的同时：

- ✦ 当你吸气的时候，想着或默念第一个音节“放（re）”；
- ✦ 当你呼气的时候，思考第二个音节“松（lax）”。

在整个吸气、呼气的过程中轻轻地念出祷语。

当完全放松并在呼吸时，聚焦于祷语且有节奏地念出的同时，

- ✦ 让你的思想和心理图像在意识中自由漂浮。

不要排斥或保持任何特定的想法或意象，无论它们是什么。让所有的想法在不受任何意识干扰的情况下自由浮动，并保持10~20分钟的时间，不要有任何的中断。

- ✦ 一旦你发现自己停止念祷语，那么赶紧接着念下去。在呼吸的节奏中，思考“放——松，放——松(reeee-laaaax，reeee-laaaax)”。

有些人更倾向于采用快速冥想的方法——每次3~5分钟，在一天内冥想多次。你需要试验一下，然后决定什么祷语对你来说是最适合的。

14
快速放松的方法

卡尔过去常常被评价为“焦躁不安”。实际上，他是一个很容易紧张的人，他长期受到背痛和头痛的折磨，医生将其归因于紧张。他自己也很焦虑。当他学习了定期放松的技术后，这些问题便逐渐消失了。有很多研究证实，对大部分人来说，采用简单的放松方法，让肌肉放松，对心理和身体有强大的、有益的影响。

如果你在一天内，愿意多次花费两分钟的时间来进行放松，你可能会对其所带来的健康结果感到很惊讶。

将身体的重量从脚部移开，坐下或者躺下，让紧张的肌肉放松，慢慢呼吸，这可以改变血液中的化学成分，对神经系统有重大影响。如果你决定花费两分钟时间做这些动作，每天做5~10次，那么你的压力将会减少，并能提高自身的健康水平。

不要说你太忙了，没有时间进行放松，这只会花费一天内10~20分钟的时间。当给一位很忙并且压力很大的经理提供咨询时，我们首先就是建议他每天练习这些快速放松的方法。他采用了我们的建议，时不时关闭办公室的门，花两分钟的时间进行放松。后来，他反馈说感觉在工作中变得更加敏锐，可以更好地集中注意力，而且在离开办公室时不会感觉筋疲力尽。这一技术使得他在接下来的治疗中有更多收获。

放松的主要步骤如下：

- ✦ 每隔几个小时花费两分钟的时间进行放松。
- ✦ 保持放松的状态。
- ✦ 闭上眼睛。
- ✦ 轻轻地呼吸。
- ✦ 让紧张的肌肉放松下来。
- ✦ 在脑海中想象一个快乐的场景。

大多数人常常会过度工作，使自己时刻处于紧绷状态，而不会让自己稍事休息。有观点认为，我们要想从放松中获益，就必须每次花 20~30 分钟的时间进行放松。这是错误的！很多人发现，较长时间的放松会让自己变得更加紧张。

请牢记，我们需要做的仅仅是坐下或者躺下，尽可能地让肌肉放松下来，缓慢地进行深呼吸，这一动作持续两分钟的时间。在做这一动作的同时，想象一个积极的画面，放松的效果会更加显著。

15
战胜失眠

贝蒂不良的睡眠习惯使她十分沮丧。她时常服用安眠药和镇静剂，但是很讨厌自己如此依赖药物，特别是一些易上瘾的药物。其实，她并不知道，仅用一些很简单的睡眠卫生方法就能对她产生巨大的帮助。

几乎每一个人都会偶尔失眠。实际上，大多数人在生活中，至少会发生一次失眠。

大部分的失眠都十分短暂，自己可以调节，但是在有些情况下，失眠是一些潜在的情绪问题、社会问题甚至医学问题所呈现出的症状。如果你长时间深受失眠的困扰，那么进行医学检查是必需的。

幸运的是，大部分失眠的人可以从以下 7 项良好的睡眠卫生准则中得到帮助：

- 不要饮用含咖啡因的饮料或酒精，特别是在晚上。
- 保证定期地进行足够的锻炼，例如散步，但是不要过度锻炼。

✦ 只有睡眠和性可以在床上发生，其他都不可以，例如看电视、吃东西或者在床上阅读。

✦ 吃适量的、可以促进睡眠的富含色氨酸的食物，例如家禽肉和牛奶，除非有特殊禁忌。

✦ 保持卧室的室温偏于凉爽，因为过热常常会打断深入、完全的睡眠状态。

✦ 定时上床睡觉，不要打破正常的生理节律，造成不稳定的睡眠与清醒时间；如果平时没睡好，别想着周末能补回来。

✦ 最重要的是，不要强迫自己睡觉。

最后一点十分重要，如果你不能马上睡着，那么就起床做一些不费力的活动，如躺在一个舒适的椅子上读书或者玩几圈纸牌，直到你感觉到睡意，然后回到床上睡觉。

如果这些准则在一段时间内不能产生作用，请咨询你的家庭医生或者是专业的心理健康专家。

16
战胜拖延症（一）

周五下午4：15，格伦意识到今天必须拿出计划书，否则他可能面临严峻的后果。计划书只完成了大概的框架部分，他能否在5：30之前将其完成，并在修改后用邮件发出？

周二下午6：00，也就是一个小时后，吉尼瓦将主持家庭教师协会关于休闲项目的小组委员会，但是自从一个月前最后一次会议结束时开始，她都没有看过她的笔记。在收集资料的时候，她明白她需要对课余篮球项目中裁判的花费评估结果进行报告，但是她并没有收集到必要的信息。

每个人都会偶尔推迟做一些事情，感觉没有动力或者逃避行动。对大多数人来说，拖延的倾向是一个很普遍的特质，但却会导致很坏的结果——各种麻烦以及不必要的时间压力。

但是，有些人似乎很难迈出第一步，不能快速开始做事。因此，这些“拖延专家”经常发现自己面临最后期限的压力，未完成的事情全部堆积在一起，结果只能草草收尾。

幸运的是，无论你是刚开始还是一直在拖延事情，有一些十分有用的方法可以用来战胜拖延症，在提高工作效率的同时减少自身的压力。

第一个而且可能是最重要的一个战胜拖延的方法是：了解动机和行动之间的区别。大多数人错误地认为动机必须先于行动，即在你真正做某件事情之前，你必须首先有动力去做。这正确吗？

这是错误的！事实是在大多数情况下，行动先于动机：一旦开始行动，动机也会增强。这使得继续做已经开始的事情十分容易。就像俗话所说的："万事开头难。"

✦ 不要在开始行动之前等待动机，而要在采取行动的过程中获得动机。

很多人在开始一项任务或进入某一情境之前便打消了念头，因为他们觉得即使开始行动，所做的也不过是杯水车薪。"何必多此一举呢？"他们会这样说，然后什么也不做。但是 1 滴水变成 2 滴水，然后 4 滴、8 滴、16 滴……很快，重大的进展就发生了。

下一次，如果你感觉被拖延症绊住了，告诉自己：先开始做几分钟你所逃避的任务。你可能会发现，随着最初几分钟的消逝，动机的强度变大，然后你将会在不断提高的兴趣和热情中，继续完成接下来的工作任务。

17
战胜拖延症（二）

肯恩的朋友嘲笑他经常拖延事情，他们说：“如果有一个关于拖延症的诺贝尔奖，获奖的人肯定是肯恩。”事实上，在过去的5个月内，肯恩已经被解雇三次，原因在于他的“拖延策略”真的不是开玩笑。

另一项战胜拖延的有效方法是，明白你的思考方式既不会刺激和促进，也不会打消和阻碍你开始的过程。

在心理学中，大多数引发拖延的念头可以被称为“任务干扰思想”或者TITs。相反，那些激发行动的想法可以被称为“任务激活思想”或者TATs。

“我明天会剪草坪”“这份报告在周五前提交也不迟”“我看完新闻后就会倒垃圾”都是“任务干扰思想”或TITs的例子。

“如果我现在剪了草坪，我在剩下的周末时间就可以完全放松了”“最好赶紧写这份报告，以免在现在至周五期间发生别的事情”“如果我现在立即倒垃圾，那么我就可以尽情享受晚上接下来的时光”都是“任务激活思想”或 TATs 的例子。

你可能听说过俗语“以牙还牙”，所以，当你想要战胜拖延症的时候，用 TAT 来对付 TIT 将会十分有效。

✦ 当你发现自己因为 TITs 而推迟或逃避某项家务、作业或工作时，努力将其改变为 TATs，看看会发生怎样的改变。

除此之外，以下这些方法也很有用：

✦ 在你完成某项任务时，给予自己特定的奖励。

“如果我准时完成这份报告，我会以打一轮高尔夫来奖励自己（或者其他与自己生活方式相符合的奖励方式）”。

请牢记：

✦ 赶快行动起来，不论落后了多远，你都能激发自身的动力。

通过学习这些战胜拖延的技术，你就能在获得更多成果的同时减少自身的压力。

第二章

健康地思考自己

18
思想决定感受

吉娜抱怨说，她无法控制自己的心情，大部分时间她都感觉沮丧和心烦。当吉娜意识到她的想法极大地影响了她的感受时，她开始学会控制那些令人厌烦的情绪。她发现，通过一点点的努力，她就可以改变自己很多消极的想法。

几乎每个人都听说过一句话："心胜于物。"虽然人类可以通过意念控制物体这一观点备受质疑，但想法和观念可以影响心境、感觉和情绪这一观点变得越来越确定。

你多少次听过他人这样说"那件事让我快疯了""他使我很沮丧"，或者是"这真令我感到厌烦"，仿佛外部事件对我们的情绪有直接的影响。而事实是：

✦ 并不是事件引发我们的情绪，而是我们思考事件的方式决定了我们的感受。

我们对外部刺激的下意识的情绪反应，受外部事件和我们对外部事件的解释两者的影响。这是认知上的连接，它将我们经历的一连串事件与我们自身的情绪连接起来。

这一观点至少有两千年的历史，被认为出自哲学家爱比克泰德（Epictetus）。他认为："人们感觉心烦并不是因为所发生的事，而是他们对事件所持有的态度。"很多世纪以前，威廉·莎士比亚在《哈姆雷特》中重述了这一观点，他写道："事件并没有好坏之分，是思考方式造成了这一结果。"

事实上，我们对自身的情绪有极大的控制能力，我们并不是对自身情绪无能为力的"刺激与反应"的生物。

✦ **认识到情绪受思维影响，是我们走向健康、幸福生活的重要一步。**

我们可以挑战和改变消极的想法，从而拥有更积极的感觉和情绪。

19
如何通过健康的思考获得快乐

伊莱恩说："跟乔分手，我真的感觉很开心。"但是她的朋友们都不相信。他们都知道伊莱恩很受伤，并且对于她对乔的种种行为感到迷惑不解。伊莱恩并没有面对现实，而是给了自己一些看似合理的借口。所以，在那之后，她在感情中不断犯着同样的错误。

在前一节中我们指出，"想法"在我们的经历中是一个很重要的连接，它将外部事件和我们的情绪反应连接起来。事件本身并不会使我们疯狂、悲伤、高兴或害怕，对事件的主观解释才会使我们如此。

有三种基本的思考方式：理性思考、非理性思考和合理化解释。理性思考基于客观现实而非主观想法。它能让我们的生活得以继续，帮助我们达成目标，促进情绪健康和关系建立。

非理性思考则没有依据客观事实，它会破坏情绪健康，导致不必要的冲突，有时甚至会威胁我们的正常生活。

合理化解释，简单来说是一种自欺欺人的想法。它通过看似合理的理由为自身的行为和选择进行辩解，但其实是虚假的，是谎言。尽管合理化解释不如非理性思考那样伤害大，但是它依然不利于心理健康。

因此：

✦ **很明显，理性思考是最健康的思考方式。**

非理性想法常常基于一些命令式的“应该”“必须”或称之为“绝对要求”，而理性想法则基于偏好、接纳和容忍。

其底线在于，如果你希望变得更快乐、希望建立更好的人际关系，就应当——

✦ **努力消除你思想中的“应该”“必须”。**

用更平衡和合理的自我对话做替代，告诉自己“我更喜欢做X这件事，我希望拥有Y，但是我并不会强迫自己去这样做”，而不是告诉自己“我必须做X，我必须得到Y”。

请牢记：理性思考并不意味着毫无感情的生活，相反，

✦ **用合理信念取代不合理信念，可以减少消极情绪，同时增加积极的感觉。**

20
“应该”的专制性

阿尔不能理解为什么他没有亲密朋友，他认为自己十分真诚和贴心。他没有意识到的是，他总是说着太多的“应该（should）”“应当（ought）”和“必须（must）”，以致他身边的人经常受到纠正和批评。他的一个朋友曾说：“我不需要这些无休止的建议。”

过多使用“应该(should)”“应当(ought)”和“必须(must)”的人十分苛刻和讨厌，他会使自己和他人的生活都变得很难受。我们在咨询室中见到过很多爱提要求及固执的人，他们大多有过激烈争吵之后的离婚、没有朋友，在工作中面临很多问题。

“应该”“应当”和“必须”被称作“绝对要求”，它们常常引发愤怒和内疚。“你应该做X而不是Y”“他本应该有更多的了解”是一种愤怒的表达，“我不应该那样说”“我本应该做XYZ”是一种内疚的陈述。

如果人们能够降低他们的要求，将他们的“应该”变为“希望（hope）”，那么将会带来意想不到的结果。

✦ **每一次当你将“应该”“应当”和“必须”强加于他人时，请马上制止自己。**

将“应该”变为“希望”。你可以说：“我希望你能够将我介绍给你的表亲！”而不是愤怒地说：“你本来就应该将我介绍给你的表亲。”你可以说：“我希望你能在室外吸烟！”而不是坚持说：“你不能在室内吸烟！”

✦ **将“应该”“应当”和“必须”改为“我希望”或者“我倾向于”，然后看看会发生什么。**

在一些非强制要求的语境中，你越少使用“应该”“应当”和“必须”，你自己、你爱的人以及你的同事会变得更幸福。

很明显，并不是“应该”这个词引发了问题，而是这个词背后的严苛要求。例如说“如果你希望人们能够对垃圾进行分类，你应该将分类回收箱放到路边”没有错，因为这是一个很温和的要求，与要求性的“应该”不同，这种温和性的要求前面，有一个提醒特定结果的“如果”假设。将“你本应该做更多，而不是仅仅将碟子放到水槽中”与“如果你希望帮助我清洗的话，你应该将碟子放在洗碟机中”相对比可以发现：陈述要求时不使用“应该”这一词语，效果会更好，例如“请记住将碟子放在洗碟机中”。

21
更多有关“应该”和“必须”的讨论

诺曼36岁了，他是一名律师，经历过两次离婚，前来寻求咨询。他常常遭遇人际问题，最近他刚失去3个好朋友、与父母有一次严重的争吵，而且他的未婚妻解除了他们的婚约。毫不夸张地说，诺曼的规矩和要求比陆军、海军和空军加起来还多。

个人规则的束缚最早由世界知名的精神病学家卡伦·霍妮（Karen Horney）博士提出，她写了《“应该”的专制性》一书，随后这一主题被阿尔伯特·埃利斯（Albert Ellis）进行了扩展。阿尔伯特·埃利斯是纽约阿尔伯特·埃利斯心理协会的主席，他创造了“应该化（shoulding）”和“必须化（musturbating）”两个词语，来强调“绝对要求”在心理上的破坏性力量。埃利斯建议：

人们应该停止向他人以及他们自身提出“应该化”的要求，并尽可能地避免“必须化”的要求。

诺曼过分的要求导致他与弟弟断绝了联系，因为他认为他的弟弟在投资时考虑不周。他对所发生的一系列事情十分生气。当他成功地摒弃了自己的这些要求时，他的生活开始有了好的转变。

在治疗的后期，诺曼写出了以下内容，我们希望你也能够将这些运用到你自己的生活中：

“我决定取消自己对他人生活所背负的责任，我让他们自己决定什么对他们来说是应该的，什么是不应该的。”

诺曼继续写道：“这使我摆脱了很大的负担，我不再将生活看得如此严重，我让上帝决定什么是应该的，什么是不应该的。我知道自己喜欢什么、讨厌什么以及希望做些什么。”6个月后，在第二份问卷中，他写道：“在我的生命中，我第一次相信自己是受欢迎的，我不知道以前人们是如何忍受我的。”

与诺曼不同，很多人不愿意或者不能放弃提出他们的要求：“你本应该有更多的了解”“你必须停止做某事”“我应该有不同的表现”“我必须在网球比赛中获胜”。

控制你的“应该”和“必须”的要求，将它们改为“倾向于（preference）”或“希望（wish）”。

尝试用这一方法说出“我希望能够赢得网球比赛”“我希望你不要那样做”，看看你的感受是否会好很多。

22 盲目积极思考的风险

艾萨克遭受着“盲目乐观”的苦恼，他只关注生活中快乐的方面及一切美好的事情。由于忽视了严酷的现实，所以当消极的事件真实发生的时候，他常常会感到很惊慌。由于他一直过于乐观，所以他经常对事情没有任何提防，而且欠缺准备。

大部分人对诺曼·文森特·皮尔（Norman Vincent Peale）以及他的著作《积极思考的力量》（*The Power of Positive Thinking*）都十分熟悉，通常，这本身听起来是很好的建议。的确，世界一流的心理学家、美国心理协会主席马丁·塞利格曼（Martin Seligman）也表示：乐观是情绪健康的一个很重要的组成部分。

但是，健康的乐观与盲目乐观的人所秉持的积极思考的想法有巨大的区别。实证主义建议我们只关注快乐的方面，这些陈词滥调常常会导致事与愿违，并会引发他人的怨恨和孤立。

盲目乐观的人不仅会忽视那些真正需要关注的问题，而且还会阻止别人表达悲伤、痛苦、孤独或恐惧。在这些过于乐观的人面前表达自身真实的感觉是十分困难的，因为对他们表达负面情绪都会使你感到内疚。

现实的乐观主义者在遇到真正糟糕或不幸的事情时，不会讨论事情多么精彩或将会变得多么美妙。

那些相信只要在悲剧面前保持微笑，或鼓吹一切就会变好的人，往往会遭遇更严重的问题。

如果你忽视、掩盖或否认小问题，那么它很有可能会变成大问题。

盲目的乐观和理性的乐观之间的区别可以从以下两种陈述中体现出来：

（1）“没有什么可担心的，一切都会变得很好。”这是盲目的乐观；

（2）“我们确实遇到了困境，事情没有想象中的那么好，但是如果我们逐步地去处理，我们就有可能做出改变。”这是现实的乐观。

除此之外，明白以下内容也非常重要：

在某些情境下，事情已没有任何转机。此时，接受现实可以避免沮丧和挫败，而不是盲目乐观。

23
没有人是完美的

哈里希望有一个完美的妻子、一份完美的工作和一个完美的家。然而在他39岁的时候，他依然没有结婚、没有工作、自己租房住。他对完美的追求使他几乎不可能满足于现实所提供的东西。

完美主义者都是不现实的，因为任何事物或人都是不完美的。期望自身或他人的完美是一个不可能达到的目标，并且会导致更多的消极思考，从而引发自责、不满、挫败、怨恨和一种“何必费事”的态度。

在最近一次社交聚会上，一位客人自豪地说：“我是一个完美主义者！”当我们说“听到这些我们感到很遗憾，我们对你十分同情”时，他特别惊讶。

如果你逼迫自己达到完美，你可能会发现自己的努力适得其反。

强迫自己面对不现实的期待，会导致过度紧张、焦虑和筋疲力尽。实际上，完美主义者常常怂恿不健康的竞争，甚至有可能促进不道德行为的发生（在考试中作弊、窃取他人的工作成果、伪造职业资格）。

告诉自己不需每分每秒都表现完美。

相反，努力胜任一份工作，尽力做到最好但不是完美，明白当你身体不适的时候、个人问题让你分心的时候，或者你感觉手头的任务不那么重要的时候，还有很多剩余时间。使自己从达到完美的压力中解脱出来，你会更加喜爱自己的工作，结果会变得更好、更加出色。

接纳“有些事物只需要足够好”这一事实是十分重要的。

如果你目标过高，那么你将很难达到目的，明白这一点也是十分重要的。明智的人会学习从任务中获得快乐，而不是寄希望于事情的结果。

如果你没有达到一个完美的标准或目标，你也不是一个失败者。失败在于一开始就设立了一个不可能实现的目标。

24
自寻烦恼

卡洛琳不是一个快乐的人，她认为自己是环境的受害者。她将自己的不快乐归咎于一系列的外部因素（他人、经济、天气、政府、老板等），但是她从来没有想过，自己的观念是导致她痛苦的首要原因。

将不快乐归因于外部因素的普遍倾向，是一种十分严重的心理问题。人们常说：“他的话让我很心烦”“他的评价伤害了我”“当他批评我的时候，我真的很不开心”。

事实上，并不是他人的言辞、评论导致了伤害或心烦，而是我们让自己在这些话语或事件面前变得心烦。有一句古老的谚语说得好：“棍棒和石头可能会打断我的骨头，但话语却从未能伤害到我！”

尽管我们能像孩子一样勇敢说出这句话，却很少像个成年人一样真的去做。如果我们能做到的话，我们就会这样表达：“我让自己因为他的言辞而变得心烦”，而不是“他的话让我很心烦”。我们会说“我让自己因为他的评论很受伤”“当他责骂我的时候，我让自己变得很不开心”。

✦　一旦我们错误地将痛苦归咎于外部因素，我们就会发现自己无能为力。但是，如果我们明白，是我们让自己因外部因素而变得心烦，我们就可以做出改变。

例如，一个年轻人特别悲伤，因为他的女朋友总是与其他异性见面。他说：“她的行为真的让我很心烦。”我们会这样回应：“不，是你让自己因为她的行为而变得心烦。”接下来我们会问：“你为什么非要让自己陷入这种境地呢？”

不久，他便会明白这一事实，是他因为一系列错误的想法和非理性的自我对话使自己变得烦恼。接下来我们便能告诉他，当女朋友缺乏热情时，如何避免不开心。

✦ 一旦你明白，你思考事情的方式决定了你的感觉，你便可以处于主动，而不是被动。

当你的亲戚来访或他人批评你时，如果你变得不开心，首先想想这些不快乐是因何而起的。你对自己传达了什么？然后你便可以着手解决。你可以摒弃一些胡思乱想，从而发现自己的生活很正常，而不是那么悲惨。

25
小心过高的期望

布拉德是一个工厂的主管，他希望他的员工可以准时开始工作，不要总在咖啡机旁聊天并且遵守午休的时间。他不允许员工偷懒。虽然布拉德并不是一个完美主义者，但是他过高的期望使自己陷入了困境。他的员工见到他都会备感压力，并且他们都在请愿书上签名，希望上级管理部门能换一个主管。

注意完美主义与过度期望之间的差别，虽然两者都是不健康的人格特质。

如果布拉德是一个完美主义者，他会要求员工做出完美的产品。所以他的问题不在于完美主义。他过高的期望与员工的业绩或表现无关，而是集中于对遵守时间的要求，以及对生产时间和浪费时间的严苛态度。

还有一些其他的例子。唐在结婚前夕对未婚妻西莉亚说了他对未来妻子的期望，然而他严苛和琐碎的期望使西莉亚备受打击，所以她立即取消了婚约；詹妮斯要求丈夫记住她的生日和结婚纪念日，甚至她三个姐妹的生日和纪念日；汤姆希望每个人都能够守时，如果他人让他等待，他就会发怒；莎莉希望儿子和儿媳邀请她一起过圣诞节，然而他们并未邀请她，因此她感到十分受伤……

✦ 你的期望越低，心烦和失望就会越少。

一个聪明的人说："我尽量不去期待他人为我做任何事。这样我就很少会受伤、心烦、失望、沮丧或感觉幻想破灭……我也不会对自己抱有过高期望。"

✦ 你需要问自己一个关键问题：你的要求和期望是否不合理？

如果对自己感到怀疑，那么让一个亲近的朋友给你一个客观的看法。

不合理的期望常常导致失望、幻想破灭和悲伤。合理的期望则会带来成功、满足和最佳表现。

26
提出意见还是进行批判

霍华德有一个绰号：法官。他曾因为一件很小的事，三年没有与自己的哥哥讲话。他的一个同事说："霍华德心里有一个私人法庭，在这里，他激动地敲锤然后宣布罪名成立。因此，他被公司内所有的社交活动排斥。"

批判性的、有成见的和有偏见的人常常依据有限的信息妄下断言。我们都听说过这类人，他们常常进行错误和极端的断言——"咒骂别人的人都十分愚蠢，没有教养""摇滚乐的粉丝都不懂音乐""不定期做礼拜的人都是异教徒"。

大部分人都明白，动辄评头论足不是吸引人的人格特质。如果你观察周围，你会发现大部分爱评价别人的人都让人很反感，避之不及。例如，有些妈妈会指责孩子："你为什么不经常联系我？"如果孩子很实在，他可能会回答："因为你很爱妄下判断，经常批评我，与你聊天很不开心。"当人们停止说道他人时，他们会体会到从未有过的快乐。

的确，没有人能控制自己不对他人形成评价。那么，评头论足与提出意见之间的区别是什么呢？妄议他人的人，往往喜欢用一种权威的语气来陈述他们的观点和发现，他们像法官一眼判决什么是正确或错误的、什么是应该或不应该的、什么是好的或坏的。若仅仅是表达意见，则不带有不怀好意的弦外之音，所以，“比利的餐桌礼仪很差”只是一个评价，评头论足的人会附加一些东西，例如：“因此，他是一个由野人抚养长大的粗俗的人！”

我们经常会做出评价：“他很帅”“她穿得很漂亮”“他似乎缺乏幽默感”“她太胖了”。

✦ 在形成观点或做出评价的时候，并没有道德方面的暗示或更多的结论，也没有关于这个人个性的推论，仅仅只是我们自身的观察和看法。

一旦我们在观察后面附加上“因此”，我们就可能变得具有批判性。“他说话很慢”是一个观察，“因此，他很愚蠢”是一个批判性的结论。

✦ 如果你留心自己“因此”的观点，你就会较少地评判他人，这对你自己及他人都大有益处。

27
妄下结论

查尔斯在一个朋友的婚礼上见到了黛比，觉得她十分迷人。几周过后，他邀请黛比与另两对夫妻共进晚餐。整晚黛比都十分安静，因此，查尔斯当场对她失去了兴趣。他说："她真的很无趣！"一个朋友对黛比十分了解，他告诉查尔斯："黛比往常很活泼有趣，她有轻微的偏头痛，可能因为这个她那晚才十分沉默。"但是查尔斯不这样认为，他坚持认为黛比很无趣。

你有没有注意过有多少人喜欢妄下结论？在极为有限的信息下，他们如何得出对人或事的观点？你会凭第一印象下判断吗？

那些常常得出不成熟的结论、不依据足够的信息来得出合理结论的人，常常会犯错并因此而受苦。

✦ 不论何时，你在有限的信息下进行概括或得出的结论都有可能是错误的。

在一次简单的英国观光之旅后，约翰决定要定居英国，并开心地接受一份新工作。赴英一周后，他发现自己犯了严重的错误。当他详细考察了英国的环境和生活方式后，他意识到自己需要做出很大的改变来适应。当他意识到这个问题时，他已经失去了原本高薪的工作，并给自己制造了一个巨大的难题。

因此，挖掘事实而不是妄下结论会为你带来丰厚的益处。

✦ 问问自己，你是否提了足够多的问题来检验自己的设想。

询问自己是否还有一些没有考虑到的方面或因素，是很有帮助的。你可以问自己："我是否真正了解了整个'故事'？"

✦ 追求平衡，三思而后行（但不要考虑太长时间，否则你会错失良机）。

28
避免自我法西斯

塞尔达无法忍受自己。她对他人都十分友好和仁慈，但是为自己设立的标准却十分苛刻。由于她对自己要求过于严格，所以她经常对自己进行心理惩罚。如果她感觉与自己的理想相差甚远，她甚至会否定自己。

法西斯主义专制而独裁、暴力且残酷。严厉的批评和残忍的谴责，即使是为一些小事，也是典型的法西斯主义的反应。当看到他人以这样严厉的方式对待别人时，大部分人都会觉得很反感。

你是否在社交聚会中见过一个人向他人进行言语攻击？“你是一个愚蠢的傻瓜！”“你是一只自私的猪！”“你这个忘恩负义的谄媚者！”这些表述都是典型的贬低他人的语言，我们称之为“法西斯主义”。目睹此类场景会令人极度不愉快，这些攻击者丧失了对他人基本的尊重。

大部分人会说：“我不会向任何人说那样的话。我知道用

更好的方式去处理，而不是攻击他人的名誉和自尊。”但是，

✦ **许多从未想过以法西斯主义方式与他人对话的人，常常这样对待自己。**

他们常常说这样的话：“我是一个白痴！我真是个混蛋！我如此愚蠢！”尽管他们不会这样对待他人，但是他们以为这样对待自己没有任何问题。事实上，这也同样糟糕。

无论你贬低自己或羞辱他人，这对旁人来说没有区别。对他们来说，你是另一个人，无论这种不友好的方式来自他人还是你自己，他们仍然看到这个人受到了侮辱。

法西斯主义永远是卑劣的，无论你像一个独裁者一样对待他人，还是近乎残暴地抨击自己。

✦ **你需要投入巨大的心理能量，以尊重自我的方式来进行自我对话，与你尊重他人一样。**

29
错误也可以很美

那个早晨，当一个同事公开承认他所犯过的错误时，盖理十分困惑，他想："我很好奇他为什么没有掩盖这些错误。"盖理在成长过程中一直相信犯错误是弱者的象征，所以，他一直避免在任何事情上犯错误。

很多人会觉得以下陈述莫名其妙："犯错可以很美。不仅仅是可以容忍，不仅仅是可以接受，不仅仅是必需的，而且是非常可取的。"

你可能会大声尖叫："太荒谬了！如果我犯错的话，人们就会轻视我。犯错是能力弱的表现，会让人显得特别愚蠢可笑！"

由于很多人相信这些不幸的观点，所以，一旦他们犯错误，他们会否认或者极力掩饰。实际上，

✦ 改正错误是一种很重要的学习方法，错误可以为我们进一步成长提供线索。

"你必须永远正确"的想法是与成长相背离的，而且会导

致你时刻保持警惕，不断掩盖错误。这会使你变得紧张和防备。

✦ 大部分看到你犯错的人会认为你是真诚的人，可能会与你建立更深的关系。

很多不快乐都源自这一普遍、可悲的观点：在大部分情境中都应该不惜一切地避免犯错。

哈罗德是一个有很多创造性想法的中级商业主管，但是他太害怕冒险和犯错，因此从未提出自己的创意，所以始终得不到提升。在他的评价结果里，老板认为他缺乏想象力，所以无法升职。

当然，这并不是绝对的规则。在某些情境中，掩盖错误是明智的，虽然这样的情境很少。实际上，很多心理治疗师会告诉病人去关注错误，而不是掩盖它们。我们常说："把你所犯过的一些重大错误告诉你的朋友。"那些采纳这一建议的人说：

✦ 承认错误十分容易，而且实践起来令人愉快。

你可能会想方设法犯一些小错误，但是这些错误并不会伤害任何人。在谦卑和压力管理中，让自己成为一个真诚的人是一门很有价值的功课！

30
事实与观点

亨利被认为很自以为是。他告诉同事克里斯："我看的都是这个时代最好的电影。"克里斯说："你的意思是你只看你喜欢的电影？"亨利说："不，好电影与坏电影是有区别的。"克里斯说："大多数情况下，仁者见仁，智者见智。"亨利说道："错！这是一个事实问题。"

你是否遇到过这样一类人：说话时对自己的观点确信不疑，如果有人不同意他们的观点，他们就会说："毫无意义""太荒谬了""你完全错了"。

这样的人很招人烦且不受欢迎。他们的人生哲学是："我认为我知道，所以我真的知道！"或者他们会说："我的观点不只是观点，而且是事实。"

对这些人来说，正确与否才是最重要的，即使是他们大错特错的时候。他们并不明白事实、真相与观点、信念、品位、偏好之间的差别。另外，什么是错误的与我们不喜欢什么、不赞成什么也是截然不同的。

事实，是能够测试或检验真伪的。比如：林肯出生于1809年，这种谷物含有大量的糖。而想法、观点、品位和偏好却不能。比如：玉米比豌豆好吃，长发比短发更有魅力。

每个人都拥有表达自己的观点而不至于被嘲笑或否决的权利。避免攻击或对那些不同意自己观点的人贴标签是十分重要的。

✦ 当不知道准确的事实时，尝试这样说：“这对我来说似乎……我印象中……我认为……我相信……我的观点是……”

应对那些说“你错了……我是正确的……你没有品位……你没有脑子……你不知道什么是好的……”之类的话的人保持警惕。

如果有人对你说：“你没有品位。”你可以礼貌且坚定地纠正他的说法：“你的意思是你的品位与我的品位之间有很大区别。”你可以这样说：“这也许是一幅很棒的画，但我不喜欢！”

31
确立现实的目标

德里克的人生格言是“要有摘星之志”，他似乎认为除了最高的位置，其他位置都是毫无价值的。他没有想到这些高傲的抱负超出了他的实际能力，所以他经常感到失望和伤心。

很多人说：“如果你想要实现某一目标，尽力争取！放手去做！”当你没有达到既定目标时，别人又会说：“你没有做出足够的努力。”这种评论不仅不正确，而且有害。

曾经，我的一个病人鲍勃总感觉自己是个失败者，因为他尽了最大的努力，还是没能拥有强健的身体，或成为一个好的运动员。他的爸爸和两个兄弟都十分强壮和结实，鲍勃非常羡慕，并且希望尽力赶上他们。但不幸的是，他没有继承父亲的生理特征和运动能力。所以，鲍勃需要停止变得与他爸爸和兄弟一样的想法，去追求自己能力范围内的目标，而不是欺骗自己继续做着运动员之梦。

另一个病人肖恩，尽管他的爸爸是一名体育老师，肖恩还是选择远离体育馆和运动场。最终，他成了一名象棋和桥牌锦标赛选手。

在坚持梦想和适时放弃之间保持平衡是十分重要的。你需要评估自身的兴趣、目标和能力，并且列出一个诚实的个人目录。

如果是一个你能力范围内的目标，你应当竭尽全力去争取；如果负担过重，你就需要对现实情况进行重新评估。

不要总想着头撞南墙。或者，换一种比喻，记住要变换赛道。

如果你的计划不奏效，而且你感觉十分心累、挫败和沮丧，试试别的事情。

改变的人与轻易放弃的人并不相同。一个轻易放弃的人对目标未做足够努力，一旦事情变得困难，他就会早早放弃。但是，当你对某事竭尽全力依然没有成功时，换一个赛道可以消除你的挫败感，你也会因此获得成长。

32
不要让他人的言语伤害到自己

苏姗十分敏感，一个真实的或想象的轻视、一个严厉的眼神、一条被人忽略的消息或是一个很小的批评都会使她十分抑郁和痛苦。她的姐姐说：“苏姗平均一天10次被坏情绪伤到。”

我们想要再次强调一个贯穿于这本书中很多策略的主题，因为它是最根本的。我们经常说：“棍棒和石头可能会打断我的骨头，但言语却从未能伤害到我！”

不幸的是，大部分人遭到别人嘲笑时都会这样说，但是并不真的这样认为。这句话只是方便我们显得毫不在乎，而伤害和愤怒依然留在我们的心中。对孩子来说，明白这一基本事实是不可能的——言语不能伤害我们，是我们自己用这些言语来伤害自己。

努力使一个小学生确信，他不必因为戴牙套、其他人叫他“暴牙”或“金属口”这件事心烦；努力劝说一个12岁的女孩，当她还未完全发育的同伴嘲笑她穿胸罩时不用感到懊恼。孩子们可能会说“言语从来不会伤害到我”，但是他们内心却会因为遭到谩骂、嘲笑和侮辱而受伤。

开朗的安德鲁 10 岁了，他因为两个男生称呼他“书呆子”而感到十分心烦。我们没有成功地使他相信，这两个男孩可能只是嫉妒他拥有高智商和优异的成绩。

大部分人都极度渴望自己令人喜爱、受人欢迎、被认为很出色。他们在一生之中都抱有这样的期望。他们认真地寻求认可，希望被人喜爱（有时甚至不惜任何代价），但常常因为批评和拒绝而被击垮。

如何才能使一个人完全明白，他不必在意他人的言辞呢？

如果某人轻视你，那么这个批评者可能有某些情绪问题，因为心理平衡的人不会轻视他人。

任何人，只要完全明白了这一明智的观念，那么他就有力量去无视消极的批评，从而不受到伤害。

可以这样看待这一问题：如果你去一个精神病医院，封闭病房中一个严重精神失常的人带有敌意地批评你，你一定不会将此放在心上，你会无视它。所以，即使对方不是精神病人，你依然可以将那些无端指责归咎于对方的精神问题，并且不用将他的言论放在心上。

你多么看重其他人及他们所说的话，他们就会对你有多大的影响。

33
神经质三种典型的基本要求

邦妮从小就希望生活得简单舒适。她来自一个十分富裕的家庭，在一个很小的私立学校上学，而且从不需要与逆境作斗争或者是照顾自己。当她进入大学，离开了纵容她、对她过度保护的环境时，她感到手足无措。现在，父母期望她能自己处理这个情况，变得独立，但是她没有任何方法，也不愿意独自面对生活。

想象一下，如果以这三项要求来生活——“我必须十全十美”“他人必须友好地对待我”以及“我永远不应该面对艰难困苦”。一些人认为他们不应该陷入交通堵塞，不应该排队等待，不应该处理繁文缛节或遭遇任何很小的侮辱。

矫正的方法是放弃所有的要求。就像阿尔伯特·埃利斯所说：“我经常这样想，如果我十全十美、其他人都公平地对待我、世界变得简单和快乐的话，一切都会变得更好。但是并不一定必须通过这些方式……这会带来很大的不同。”

在临床心理学领域中，埃利斯是一个受到高度赞扬的、作品被广泛引用的专家。作为合理情绪疗法的发明者，埃利斯确定了三种神经质的要求。

第一项要求“我必须十全十美”是指一种自我命令，简单来讲，它意味着：

✦ 人们常常对自身抱有过高的期望。

他们坚持认为必须实现自己的理想。“我必须做好，我必须成功，我必须能够胜任，我必须获得我能够获得的东西。如果我没有达到这些目标，如果我辜负了自身的期望，那么我就是一个悲惨的失败者，糟糕的结果是自己应得的。”这种思考方式是自我诋毁、自我怨恨、自我贬抑和自我克制的源头。

第二项要求“他人必须友好地对待我”是指：

✦ 人们抱有不合理的期望——他人必须尊重、公平、体贴和亲切地对待我。

当这些没有发生的时候，或者他人不够友好、谦恭和尊重时，这些人就会开始愤怒，最基本的表现是，要求作恶的人受到惩罚。这样的态度藏在憎恨、生气、敌意和愤怒之下。

第三项要求“我永远不应该面对艰难困苦”是指：

✦ 人们疯狂地相信：他人、环境或整个世界不应该让他们失望和不便。

他们坚持认为地球母亲应该快速、便捷地提供任何他们想要的东西。这些人的挫折忍受力很低，而且倾向于将所有的挫折放大为大灾难。

你可以很容易地发现这些要求多么不现实，而且是自掘坟墓。忘掉这些幻想可能需要费尽心力，但是结果会证明努力去做是正确的。

第三章

用行动展现你自己

34
行动胜于言语

芭芭拉和杰夫夫妻俩总是争执不休，大多数情况都是由于杰夫总是忽视芭芭拉的期望和感受。他总是宣称自己永远爱她，但他的表现却和话语大相径庭。当他迟到的时候，他总是不给她打电话，并总是忽视她的生日和纪念日，而且对家庭事务做重要决定时也总是不和她商量。

很多人都误以为，我们思考、想象或者是感受到什么和我们做什么同样重要。而真相正如那句谚语所说——“事实胜于雄辩”，我们的所作所为确实比我们的想法更加重要。

尽管我们可能会有同理心，但是我们也许永远不能真正知道另一个人的想法、动机或者是感受。如果我们想对某人做出评判，只需要参考他的行为，即他做了什么和没做什么。

同样的，虽然你知道自己内心的想法、感受和动机，但是当别人形成对你的印象时，他们所能获得的唯一信息就是你的外在行为。你选择做什么、反对什么，基本上都在你自主控制的范围内。

因此，当你想全面了解一个人的时候，不要过于强调想法、感受和动机，从而忽略了动作、行为、表现的重要性。

✦ **请记住，是我们的行为决定了我们成为不一样的个体；人们并不会读心术，但是却能看到你做了什么。**

尽管如此，很多人仍然画蛇添足地有一些情绪化的自责，因为他们认为即使他们做了好事或者是有益的事情，他们的动机也并不单纯或者善良。事实是，即使你做善事的时候并未怀有慈悲的心，你做的事仍然是好事！

总之，我们做的和没有做的引导着我们现在的生活进程以及未来的经历。我们做什么和不做什么比我们思考、感受到或者是想象什么更加重要。再重复一次：

✦ **仅仅在头脑内想象，没有你做的事情重要。**

想了不等于做了。那些有邪恶想法但是行为善良的人，仍然是个好人。

35
学会分担：不要全部自己干

杰克和肯特是邻居，他们都想给自己的家添置一张书桌。杰克几乎花费整个暑假的时间来自己动手做书桌，而肯特聘请了一个木匠，自己则去了海边度假。如果杰克和他的家人十分享受自己动手制作书桌、付出劳动这个过程的话，DIY 也不会成为问题。然而，杰克觉得这个过程冗长无趣、让人筋疲力尽，而且他的妻子和孩子也抱怨他几乎不怎么陪伴家人。虽然杰克提到自己的这项工程时十分自豪，但是他和家人为了这份炫耀付出了过高的代价。

你有多少次听到别人这样说："如果你想做好一件事情，自己动手吧！"自己动手的传统深深嵌入美国人的灵魂。每到周六早上，总能在木材场或者五金店看到那些正在修建野外小屋的人的身影。

事实上，如果你想做成一件事（或者是出色地完成一件事），最好的办法往往就是自己动手。但是，像很多"看似真理"一样，这种观念有可能会热切得过了头。当今社会，有很多人想自己掌控一切，为了一句“这是我自己做的”投入了大量时间和精力，而他们只是不相信其他人也能出色地完成一项工作。正因为他们不懂得和别人分担，所以积压的工作挤占了他们的生活。

✦ 寻求帮助，把责任分担给别人并且充分利用其专业才能，这样你就有更多的时间去处理更重要的事务，你也能提升自己的生活品质。

一位机械工程师抱怨道，每当他聘请工人的时候，工人并没有他自己做得好。但是在心理咨询治疗过程中，他学会了满足于“足够好”而不是“完美”，因而他逐渐变得放松，也变得没那么焦虑了。

我的一个朋友曾经幽默地说：“能留给别人做的事千万不要自己做。”

✦ 确定优先顺序，平衡你的责任，做你喜欢做的和能做的，把责任更多地分担给别人。

36
关于富有成效地工作

格里和莱昂内尔在同一个研究生学习小组。莱昂内尔每天都要额外花费五六个小时学习，而格里则在用他的自由时间来放松休息。如果提到智力，没人会怀疑莱昂内尔更聪明，但是最终成绩发布，格里得到A，而莱昂内尔得的是B。在考试的时候，有没有可能莱昂内尔已经筋疲力尽了，而格里却始终思维敏捷、头脑清醒？

每个人都明白，努力和勤奋能得到回报。但是很多人更加认为，越是努力工作，就能得到更多的回报。

我们总是被教导："埋头苦干！"（英文原意为：鼻子不要离开磨刀石，Keep your nose to the grindstone！）除非有人真的想锯下自己的鼻子，不然我们可不会相信这句话。

当然，这个令人窘迫的隐喻背后隐含着一个意思，那就是一个人不应该游手好闲。但是，心理学研究表明：

✦ 一定程度上的懈怠对你是有好处的，而且会让你的工作更有成效，而不是更没效率。

大多数基于“集中练习”对“分散练习”的研究都显示，采用集中练习的人比分散练习的人的完成量要少。

集中练习意味着一直坚持一个任务而不休息，事实上就是夜以继日地工作。这种努力工作的人经常会发现，不一会儿，工作方式的副作用——逐渐产生疲惫感就会发生。因此，他们不得不付出越来越多的努力来达成既定的目标。

分散练习则是指在工作过程中有策略地进行短暂但比较频繁的休息。停下手中正在做的事情，散步 10 分钟，或者给朋友打个电话，或者做一些放松练习，又或者是进行一些其他和工作内容不一样的活动。那些运用分散练习的人能使工作不千篇一律、适时补充能量，从而保持在一个效率更高而且更多产的节奏上。

分散练习能让你摆脱看不见的圈套，而且能在长线的工作中完成更多的任务（并且更少犯错误）。当重新开始工作的时候也能更加精力充沛。

因此，成功且富有成效地工作的公式是——

✦ 不要持续地工作且中途不休息。

✦ 时不时地偷偷懒，摆脱血液中的乳酸以及其他让你感觉疲惫的物质（化学物质）。

✦ 更聪明地工作——不是更辛苦或者是更长的工作时间！

37
为你的生活注入幽默

南希正在给朋友讲几年前在一个派对上发生的事情，当时南希的丈夫喝醉了并且在派对上出了洋相。“我当时十分尴尬，”她说，“我甚至气得都快提出离婚了。但是，我后来又看到了这件事的滑稽之处，这让我的愤怒变为快乐，并且避免了一场不必要的争执。”与他人共同欢笑能在人群之中形成一个短暂的联结。那些不和自己或生活较真的人，往往比其他人更加健康和幸福。

我们并不是在倡导一个毫无意义的观点。事实是，能够意识到生活中的荒谬，并能够对此一笑而过的人，往往能很好地掌控和应对压力情境。

✦ 即使是从事一项严肃的工作，你也要放松自己。

✦ 试着更加大声而且更加经常地笑吧。一种幽默的真实感觉能使一个人脱离常规思维，并且巧妙地避开烦恼乃至抑郁。

“开怀大笑”是一剂心灵补药。生物学家提出过这样的假说，笑声能刺激大脑分泌儿茶酚胺和内啡肽，它们都会影响和快乐有关的荷尔蒙水平，并且能提高耐痛阈限，增强免疫能力。

以下是一些关于放松的观点：

✦ 有意留心观察更多那些生活中不断发生的、看起来荒诞不经的事情。看到这些事件有趣的一面，并且把它们指出来给别人看。记下你看到或者听到过的最有趣的事情，这个有些时候被称为“无处不在的幽默”。

✦ 即使有些事情不那么有趣，也试着笑笑。例如，你被堵在路上，与其愁眉不展，不如试着笑一笑。理论上讲，面部肌肉的牵动也有可能引发会心笑容。

✦ 留意一切能让你发笑的事物（卡通片、海报、微信消息、段子或者笑话），然后试着让更多这些能使你开心的事物围绕在你身边。

一句警告：避免嘲弄式的玩笑。这些更多的是基于敌意而非幽默，而且会使人感到痛苦。另外，冷嘲热讽式的笑话也是无效的，甚至还可能事与愿违。一个简单的文字游戏也可以妙不可言、诙谐逗趣。有意培养自己去欣赏生活中的荒诞之处吧。

38
运动的重要性

“我是个天生的电视迷。”莫里斯自暴自弃地说。他又补充道:“我甚至记得上学的时候在书上找各种借口不去体育馆。”莫里斯需要知道，虽然剧烈运动对身体健康不必要，但是每周二三十分钟轻快的散步可以增强体质。

多年以来，人们从各方面强调身心的连接。简单来说，增强体质也能给我们的心灵、情绪以及心理健康带来积极的影响。

不同领域的专家均指出，很多人都没有充分运动自己的身体。做一些简单的锻炼，比如每顿饭之前散步 5 分钟，就能够带来巨大的改变。活动能增加代谢速率、燃烧卡路里，这些都对身体有好处。

✦ 你不必为了获得一些好处而弄得汗流浃背。

✦ 你可以走几级台阶，而不是坐电梯。

✦ 打电话的时候、读信的时候或者是在思考某个项目的时候，站起来四处走走。

✦ 建议和你的朋友一起去散步。

实际上，活动身体的机会多的是。放一张唱片，然后随着乐曲舞动；做一些园艺工作；刻意把车停在较远的地方，这样你可以走一段路到商店；在等待喷头里的水变热的时候，或者是在等待浴缸盛满水的时候，可以做一些俯卧撑或者跳跃。如果你喜欢慢跑或者有氧运动，可以每周进行几次 20 ～ 40 分钟快步走，那就更好了。如果不可以的话，即使只有 3 ～ 5 分钟的运动，那也比什么都不做好。

研究数据表明，即使是适度的体育活动，比如散步，也能提升代谢速率，对身体健康也有好处。关键在于心里要有“活动时间”的打算。有哪些活动我能做，而不应坐着无所事事地等时间流逝？我们并不是建议你对运动着迷，因为休息和放松对于保持身心健康也很重要。

✦ 所以，关掉电视，站起来，伸伸懒腰，走出房门，四处转转吧。

没必要把健身想得特别恐怖和辛苦。那些享受剧烈锻炼的人确实能从中获得好处，但如果你讨厌锻炼，那就忘了这些。只要按照我们前面说的，简单地增加不间断的活动，就能让你获益匪浅。

39
承担责任

迪莉娅习惯于玩“指责游戏”。每当她对事情不满意的时候，她总是责怪别人。她从不扪心自问，自己应该为这个后果承担什么责任。即使事实明摆在她眼前，她也拒绝承担一丁点责任。

这些会不会就是她婚姻失败并且经常处于忧郁状态的原因呢？

要是知道有多少人会为自己的选择和行为转嫁责任、归咎于他人或者环境的话，你一定会大吃一惊。虽然这种“指责游戏”十分常见，但是过多地推卸责任，事实上是一种自我挫败的行为模式。

如果一个人总是把责任归为自己控制范围之外的原因，那么他很容易产生无力感和无助感。只有当我们为自己的选择和行为承担起责任的时候，我们才能让自己产生效能感，也能对我们的生活有更多的控制感。

担负起责任并不意味着我们完全掌控了自己的命运。事实上，我们所有人都不可避免地被那些不能控制的事件影响，比如遗传基因，以及大量随机的、环境的因素。

但是，在瞬息万变的生活以及环境中，我们仍然能够掌控自己的船舵，将生活引领到特定的方向。所以，你必须为自己的选择和行为承担责任。

想一想，“归咎”和“归功”是同一事物互相对立的两个方面。如果我们想将自己的不幸或困扰归咎于他人，那我们也要将我们的成功和成就归功于他们。同样的，自由和责任也是同一概念的两个对立面，两者缺一不可。

维克多·弗兰克尔（Victor Frankl）博士，一位著名的存在主义心理治疗师，也是一位集中营幸存者，他也强调了这一点。弗兰克尔评论道，美国在纽约港口竖立了一座令人印象深刻的自由女神像，却没有建造一座颂扬责任的纪念碑来平衡对自由的推崇，这是多么的古怪！

正如弗兰克尔坚信的，应该在旧金山海港竖立一座“责任”的雕像来达到这个平衡，这样一来，我们中的很多人就得去接纳我们个人的责任，平衡我们所拥有的那伟大的自由，那作为这个国家的公民都享有的自由。

✦ 为你的行为和决定承担起责任，成为自己未来的建筑师和工程师吧。

40
不要抑制你的感受

娜塔莉常常隐藏自己的情绪。“我从小就被教导要抑制自己的感受，”她解释说，“在我们家，女孩子就应该一言不发，只要甜美地笑着就行。”在一次自信心训练课程结束之后，娜塔莉开始将她的感受用言语表达出来。“当一个正常人的感觉比当一个受气包好多了。”她说。

接连不断地扼杀自己的感受、抑制自己的愤怒甚至是任何兴奋的情绪、隐藏恐惧或者忍受烦扰等，这些都是不健康的。这些抑制的策略会导致十分可怕的后果。

当然，确实会有一些时候我们必须抑制或者隐藏自己的感受。只有笨蛋才会时刻显露自己的情绪。关键在于：

✦ 当抑制情绪成了一种习惯，随着时间的推移，这个习惯给个体带来的压力会逐渐增大，甚至为健康问题提供温床。

在由哈罗德·特拉乌教授（Drs. Harold Traue）和詹姆斯·帕尼贝克（James Pennebaker）编辑的《情绪抑制与健康》（*Emotion*

Inhibition and Health）一书中，提出了一个由来已久的问题：对情绪的抑制是否对精神健康和心理健康有消极影响？澳大利亚、法国、德国、爱尔兰和美国的研究者的研究表明，不能有效表达情绪确实会引发身心问题，包括哮喘（尤其是在儿童之中）、头疼、身心失调以及心血管疾病等。因此，问题在于：表达感受的最好方式是什么？如果你现在十分生气，你是不是必须大喊大叫，随意砸东西？

当然不是。

最有效的回应是一个坚定的表达，而不是有攻击性的回应。坚定的表达就是可以简单地说："这东西太让我烦心！我特别讨厌你做这个！我特别害怕这个！我现在觉得特别沮丧！"记住，不要否认你的感受，也不要养成在他人面前隐藏情绪的习惯。底线就是：

✦ 不要压抑自己，也不要攻击他人，但是，请表达你的感受。

第四章

建立成功的亲密关系

41
婚姻成功的关键

劳拉和凯尔来做婚姻咨询。劳拉明显很沮丧："凯尔总是不假思索地拒绝我！"她几乎抽泣起来："即使我只要求一个很小的帮忙，也只会得到'不'。"凯尔反驳说："我不这么认为，我只是告诉你事实是怎样的。你总喜欢挑我的毛病，批评我做的所有事。"

那些在婚姻关系中不开心，甚至处于离婚边缘的人，倾向于犯相同的错误。他们常常表达不赞成，经常性地批评、责备、控诉、威胁，而且特别喜欢向对方说"不"。

这些行为会扼杀爱情和亲密关系。当你从伴侣处接收到批评和责备的时候，你就会感受到受伤和愤恨。当你的伴侣所提的要求不合理时，当他或她正在不假思索地说"不"时，问题就不可避免地出现了。

我们在婚姻咨询中见到的大多数伴侣都会犯这些错误。有所不同的是，他们能以友好、机智、周全、尊重的方式对待完全陌生的人，他们只对所爱的人犯这些错误。因为他们错误地认为在家里时，他们可以卸下防御，随性地自我表达，无须注意礼节。

我们并不是主张抑制、紧张的婚姻关系。开放和自在是幸福婚姻的两个重要因素。但是请记住：婚姻的开放性不能成为情绪化攻击彼此的借口。请这样试试看：

✦ 表达最真诚的关心、尊重，为对方考虑周到。

✦ 主动做一些使对方开心，并避免使对方不悦的行为。

在咨询中，我们通常会在开始阶段询问每位来访者："每周你会为你的伴侣做哪些贴心、恰当的事情呢？"总是利用对方，并觉得对方所做的一切都理所当然，这样的夫妻不可能百年好合。成功的婚姻是需要努力的。但是如果努力变为苦役，这可能是彼此不合适的基本信号。你需要为你的婚姻努力，但你不应该为之过分辛苦。

此外，如果你和你的伴侣彼此较劲：

✦ 记住，开心的婚姻生活是建立在合作之上，而不是较劲之上。

最后，如果你想要成功的婚姻：

✦ 避免批评。无论什么时候都尽可能说"好"。

42
如何帮助那些陷入困境的关系，使其变得更好

像许多上班忙碌的夫妇一样，杰和格鲁吉亚关系疏远，彼此的世界几乎是分离的。尽管如此，他们依然非常在乎对方且需要一个切实有效的方法来滋养他们的婚姻。

作为执业心理咨询师，我们常常接到存在困扰的夫妇和其他存在关系问题的来访者的咨询。

你想让你的关系回到正轨，或者让生活在舒服的关系中顺利地前行吗？在这一部分，我们分享四点你可以采取的方法。虽然我们在这里呈现的方法特别关注婚姻关系，但在其他的亲密关系中，它们也同样适用。

婚姻问题常常源自婚姻关系中友谊的减少。当然，婚姻中所呈现的问题多种多样，任何一种概括性的语言都有其局限性。但是，当伴侣之间丧失了友谊，婚姻质量的直线下降几乎就成了一种必然趋势。

那么，到底能做些什么来重新获得婚姻中的友谊呢？

- ✦ 经常称赞你的伴侣。养成每天至少赞美一次的习惯。
- ✦ 当你的伴侣做了一些使你开心的事情时，大力赞美他/她。
- ✦ 养成定期为伴侣做贴心事的习惯。
- ✦ 花时间在你们共同喜欢的活动上。

一些好意，小却重要。比如，做一些额外的家务、出其不意地送给伴侣一束花或一个小礼物。总之，共同度过那美好时光是友谊的基石，也是快乐婚姻的基石。

43
为成功的婚姻而奋斗

玛丽莲和彼得的问题并不是他们经常争吵，而是婚姻关系已经四分五裂！他们恶毒地诅咒并严重伤害着对方，他们无比痛苦、充满恶意的交流方式摧毁了他们的婚姻。

同彼得和玛丽莲一样，你和你的伴侣也许同样吵架，并相互持有不同的看法。总之，这是人之常情。然而，我们希望，你们的小摩擦不会演变成公开的战争！幸福的情侣与不幸福的情侣之间的区别，并不是吵架的数量和频率，而是表达生气和不赞成的方式。实际上，你们如何争吵是评价婚姻是否健康的最佳方法。

那么，能做些什么来保护你的婚姻不受争吵和冲突的摧残呢？事实上，人们不可能总是完全一致，关键是如何解决冲突。

✦ 当你们争吵时，要避免批评、蔑视、防御或退缩等极端行为。

✦ 在争执中永远不要攻击对方——要求对方在行为上有具体的改变。

华盛顿大学的心理学家约翰·戈特曼（John Gottman）博士进行过广泛的研究，并发现了有趣的结果。他研究了婚姻关系中积极和消极评价的数量比（他称之为“魔法比率”）。在好的婚姻中，此比率为 5∶1。也就是说，当丈夫和妻子至少表达 5 个积极感受才向对方传达 1 个消极信息时，婚姻关系趋向于稳定。

最后：

✦ 如果你想要快乐的婚姻，那么表现出对伴侣的兴趣、深情，表明你的关心、欣赏，显示出你的关注、接受，以及有建设性地去争吵等。

44
你能相信她吗？这有赖于……

格洛丽亚总是声明她不能相信任何人。她的朋友凯伦却从不质疑任何事或任何人。猜猜看，哪一个人会经常发现有人在利用她？

我们经常听人们说“他不能被信任”或者“我不信任她”。这意味着什么呢？有些人在金钱方面不能被信任。有些人从不会偷窃你一分钱，但是他们不能保守秘密。有些人在金钱方面能被完全信任，并且能保守秘密，但是他们言而无信、不能信守承诺。

当然，信任是人际关系中一个最重要的要素。我们希望，那些能吸引我们的人、能被我们选为朋友与爱人的人，是能被完全信任的。

当我们的一个朋友说：“我不信任我的丈夫。”我们会假设她是在怀疑丈夫有外遇且欺骗她。然而，她之所以这样说，是因为她的丈夫答应修理取暖器却找借口不做。

所以，我们正在讨论一个普遍的倾向，它能产生巨大的困扰和误解。

✦ 为免除信息传达不当，请说得具体些。

举个例子：你和露西正在讨论与哈里进行一个商业合作的可能性。露西说："我不信任他。"你很疑惑，然后就问："为什么？你想表达的意思是什么？"具体是什么原因使她不信任哈里呢？直接来看，"我不信任他"意味着这个合作要泡汤了。但是，通过进一步询问，我们才发现露西是在怀疑哈里是否能将他理应支付的份额投入合作中。在这个例子中，合作并不需要立刻取消，而是露西应该更具体地阐述她的观点。对于哈里呢，他应该确认他能在合作上投资多少。

45
你如何行动比你是谁更重要

米尔娜抱怨她已成年的儿女对她不尊重。然而，当问她是否尊重儿女时，她说："我没这必要。我是他们的妈妈。"

有些人相信无条件的爱。不管自己表现得如何令人讨厌，他们仍要求最亲近的亲戚朋友继续爱他们。这是个错误的观念。在父母与孩子之间，无条件的爱有可能存在，但是，在绝大多数人际关系中：

✦ 你的行为将决定谁会爱你、讨厌你、与你见面，或者回避你。

✦ 认真诚实地反思你的行为，问问自己你为生命中重要的人做了些什么。

你的性格和风格让你值得被别人爱吗？你的行事风格让同伴认为你值得结交吗？

✦ 你是否有一个好的性格呢？

你是否容易相处？你是否有益于他人并乐于助人？你是否愿意表达情感？你是否表现出你对他人的关心？你是不是一个

好的倾听者？

✦ 你是否对他人不好?

你是不是小气、令人讨厌、无礼、不耐烦或者阴沉？你是否总爱批评他人？你是否经常不同意他人？你是否经常抱怨、谴责他人或勃然大怒？你是否从未关心过他人？当你做好事时，你是乐意的还是不情愿的？如果对以上问题，你的答案是“肯定”的话，那么别人躲开你，就无须惊讶了。没有人会时时刻刻可爱、热情、友善、周到、关爱他人。你应该问自己的问题是：你自私以及不关心他人的频率如何，在什么情况下你会表现出那样。别忘了，你是通过外在行为来表达爱心的。

✦ 如果你发现，你的自我与你的行动之间有不一致之处，那么你需要改变自己的行为。如果你想别人对你好，你必须对他人好。

46
善良不能战胜恶意

萨莉的丈夫汉克一直都很粗暴。一天早晨，吃过早餐，汉克开始对萨莉咆哮，因为她在接电话而未陪着他。过一会儿，汉克去上班后，萨莉捡起他丢在盥洗室里的鞋子，又忙着为他做了一些其他事情，之后决定做合他口味的晚餐。

萨莉总是认为如果她能营造一个充满爱的家庭氛围，丈夫的粗暴就会消失。不幸的是，她实际是在鼓励丈夫的不良行为。汉克发现，作为发怒的回应，他得到的是不用做家务并且能吃上合口味的晚餐。妻子如此不罚反奖地应对他的粗暴，他怎么会改变自己对待妻子的方式呢？

在行为之后出现的事件将减弱或加强这一行为的再次出现。如果当汉克对萨莉不好时，萨莉仍然对汉克很好，她就是在鼓励汉克继续虐待。因为萨莉容忍了汉克的虐待行为，她给了他一种信息——如此对待她是可以的。如果萨莉只在汉克为她周到考虑并充满爱意时，才向他表达自己的和善和好意，一个积极的模式才有可能发展起来。

托米相信善良会战胜恶意。无论他妻子是否对他动怒，他都会给她送花，并希望这一姿态可以让她心情好。然而，这只是鼓励她对他更多地发火。

因此：

✦ 不要奖励那些你希望对方减少的行为。

✦ 遵从作者艾伦·阿尔达（Alan Alda）的建议：公平地与人相处，在他们能公平地与你相处之后，你可继续与他们保持这种公平。

✦ 学习说出你的意见。

✦ 如果某人对待你的行为很糟糕，直接说不——不要微笑并假装一切还好。

47
有效的教养方式（一）

林顿夫妇努力想成为好的父母。他们认为，如果他们为孩子提供足够的食物、衣服，为孩子提供安逸舒适的住所，送孩子到教堂，教导孩子不说粗话，在孩子违规时予以处罚，那么他们就是称职的好父母了。

教养子女对任何人来说可能都是一项最艰难、要求最高、最具挑战性且责任重大的任务。但没有学校能教你如何去做，也没有能力测试去考察你是否达标。这是严格意义上的“在实践中学习”。

任何一个面向公众提供专业服务的人员，大部分国家均要求完成一定量的基础教育，并通过能力测试，才可以获得执照或认证。甚至婚姻都需要一个许可证（然而不幸的是，能力测试并不是一个先决条件）。将一个人类小生命带入这个世界，除了对双方生育系统功能的要求外，其他似乎什么都没有了——没有基础教育，没有能力要求，无须领取任何许可证！

然而，学习重要的养育技能使父母可以真正有效、成功地成为孩子的迷宫导航员，也是父母可以给孩子最宝贵的礼物之一，可以帮助孩子在学习、工作、娱乐、恋爱等方面找到方向并取得成功。

不幸的是，大多数学校都没有教授这些课程，比如：如何培养社交技巧、如何进行理性思考、如何控制情绪，以及如何成为一个真正有用的家长。家长必须自学如何解决冲突、增长自信、管理压力。他们需要放弃那些从自己父母身上继承的糟糕养育技巧。

当然，所有的孩子都有自己的个性、拥有独特的气质和需求。因此，养育子女没有绝对正确的方法。什么是好的养育方式，专家的看法尚未达成一致。不过，在接下来的两个部分，我们将讨论一些大多数专家一致认可的有用建议和忠告。

48
有效的教养方式（二）

布伦达来自一个非常宽容的家庭，而她的丈夫罗伯特则在一个要求严格的家庭中长大，他们两人都有自己的问题。当他们成为父母时，问题就尤为凸显起来。幼年时父母对他们的教养方式南辕北辙，如今他们对孩子的教养则不断陷入困境。

孩子不会自然而然地知道什么最适合自己，家长必须引导他们健康地、适应社会地成长。问题就在于，父母会强迫孩子做那些自认为好的事情，而不是孩子自己真正感兴趣的事情。比如，同样是要求孩子晚上 8 点睡觉，这之间是有区别的。有的父母是因为孩子明天要忙碌一天，而有些父母是因为自己想看电视节目。

很多家长把孩子当作自己的延续，并要求孩子完全服从自己。他们不承认孩子是思想自由、自主的个体，也不认为孩子可以根据自己内心的想法推理和行动。当父母的要求太严格甚至霸道时，经常出现的结果是孩子的叛逆、反抗或者焦虑不安。

✦ 要想让孩子健康地发展自我，就需要在家庭中有能倾听并认可孩子的声音，即使不能赞同。

过于宽容和放纵的养育，同样会导致不良性格的发展，包括较低的挫折容忍力和各种过分的要求。同时在大多数事情上，对孩子的教养要以平衡为目标。

关键是要知道在什么时候，什么事是可以宽容的，什么事是应该管教的。

✦ 对一个行为任其自然的结果，在某种程度上就是放任。

当鲍比晚上 8：30 拒绝上床睡觉，他的父亲停止了他第二天的活动。当肯尼过了通常就寝时间仍然不去睡时，父亲告诉他，第二天放学后他必须要修剪草坪，不管他有多累。让鲍比停止活动是一个无用的结果，这无益于鲍比准时上床睡觉，并可能在孩子心里注入愤怒和怨恨，也不利于父子关系。然而对于肯尼，指出他熬夜可能会导致第二天太累，以致不能履行他本该的职责，这种教育可以让孩子看到行动和结果之间的关系，并可以让孩子更好地从错误中学习。

49
有效的教养方式（三）

史蒂夫想成为一个好爸爸，但他犯了一个大错。他认为辱骂孩子（如骂他们愚蠢、无能）将刺激孩子去证明父亲的错误，然后孩子会取得好成绩，并努力获得成功。然而，他仅仅成功地破坏了孩子的自信。

做一个称职的家长是不容易的。父母不得不凭直觉行事。他们常常会将父母对待他们的错误教养方式复制到孩子身上。

公平地说，将子女的差错全部怪罪在父母身上，也是不公平和不准确的。我们都无意识地继承着父母的某些性格（父母给我们的基因，父母自己也无从改变）。而且，同伴的影响可能强过于良好的家教。

不过，好的父母通过学习可以避免一些无知父母会犯的大错误。比如，无知的父母会让孩子在犯错时感到内疚。在一些家庭中，如果孩子在学校表现不好，就感觉犯罪了一样。孩子只是犯了一点小错，却让他们感觉自己道德败坏。这会使得孩子觉得自己是个坏人，无法发展内心的自我接纳。

“懒虫，你永远不会有出息！我告诉过你洗了盘子之后再出去玩！”

糟糕的教养方式会在孩子跑到马路上玩耍或乱跑后，被父母严厉地批评为“坏男孩”！而好的教养方式，父母会在家中在不伤害孩子自尊的情况下，严肃地告诉孩子一个人到马路上玩耍的危险性。后者的教育，对孩子是更有效的，对孩子的危害也是最小的。要清晰地区别孩子做的是什么，（作为人）他或她是什么，这两者截然不同。

✦ 不要混淆儿童的不当行为和儿童的基本特性。

例如:“你所做的事情很顽皮”与“你是顽皮的孩子”不一样。骂孩子笨、自私、令人讨厌与告诉孩子他的某个行为笨、自私、令人讨厌，两者有很大不同。

最后，请想一想，如果小错误得到大惩罚，那么当孩子犯了大错时，父母又该怎么做呢?

✦ 根据所犯错误的大小进行处罚。

✦ 眼光长远：我的行为是否能帮助孩子在生活中健康地、独立地成长?

50
真正友谊的重要性

泰德沉迷在自己的工作和家庭里，从来没有努力去维持与高中、大学两个最好朋友的关系。而现在，他开始为不再与朋友们那么亲密而怅然若失。

俗话说："友谊是你可以给自己最好的礼物。"有一两个真正知心的朋友可以提高个人幸福感。

在这个世界上，很多人为了拥有友谊，而结交了许多"熟人"。但是，有很多熟人并不代表拥有真正的朋友。与许多人保持友好和拥有真正的朋友这两者之间有很大的区别。

熟人多没有错。他们与你打网球、打保龄球、打牌、逛街，等等。但因此就有人说："我有几十个好朋友。"这只能说明你没有真正理解友谊！真正的友谊更要求质量。我们建立亲密关系的能力是有限的，所以一个人不可能有一大批真正的朋友，也没有足够的情绪营养来维持关系。

✦ 获得友谊必须投入一定的时间，因为友谊的一个关键要素就是能一起做几件让彼此愉悦的事情。

友谊需要我们用时间和真诚去努力培养它。它也需要冒险。你可能希望某人成为你的朋友，但他/她可能对你没有同样的感觉。

✦ 深厚的友谊是建立在爱的基础上的，和所有亲密关系的要求一样。

女人通常在培养亲密友谊时，比男人容易得多。女人分享心事并讨论自己的感受——这是友谊形成的两个必要成分。男人之间谈论的通常是事情，而不是感受。男人倾向于从妻子那里得到所有对友谊的需求，而这往往对婚姻造成负担。事实上，有些人认为好的婚姻是最亲密的友谊，可能也的确是这样。但同样的，我们都需要除婚姻以外的，良好、密切、有爱的友情。

✦ 最幸运的人，是那些拥有幸福婚姻或其他忠诚关系之外，还有一两个至交好友的人。

真正的友谊，如同所有的亲密关系，是建立在相似价值观的基础上，分享、关爱、信任、尊重。相互间并不斤斤计较，给与取彼此平衡。

✦ 拥有两三个至交好友是精神上的财富。

拉尔夫·沃尔多·爱默生（Ralph Waldo Emerson）对那些希望拥有真正友谊的人建议说："交朋友的唯一方法就是自己够朋友。"

第五章

有效沟通

51
有效的沟通

“杰克为什么这么焦急？”伯特十分纳闷，“他说过我可以借他的拖车，本来我可以更早就还给他的，但我只是想还之前清洗干净。如果他不想让我用拖车，他应该早告诉我的！”如果杰克和伯特用一些直截了当的沟通技巧的话，他们完全可以避免此次误会：杰克生气完全是因为一个坏了的吸尘器，和伯特一点关系都没有。

每个人沟通的习惯都不同，但只有极少数人真正掌握了有效沟通的技巧。沟通过程中的失败经常发生，而且往往会导致各种不同的社会问题：从创伤和愤怒到离婚甚至是暴力。

沟通既是语言表达、信息发送的过程，也是倾听、信息接收的过程。无法有效沟通的原因是沟通两端中的一方或者双方出现了问题。

有效的表达式沟通可以通过坚持以下原则来实现：

✦ 通过建立和保持目光接触，确保你获得了对方的注意。

✦ 确保自己传达的信息是清晰的，并且言语信息和非言语信息一致。

言语一致，确保你用的语气、音量和你传递的信息内容是一致的：如果你很开心，那就做到看起来开心、听起来也开心；如果你很生气，听起来和看起来也应该是生气的（但是不要大声喊叫）。

✦ 说出你想表达的意思，心里怎么想就怎么说。做到直接而诚实，不要卖关子或兜圈子。

✦ 为了确认你传达的信息被准确地接收到，要求对方给予反馈。

有效的接收性沟通基于好的倾听技巧：

✦ 看着信息传达者并保持目光接触。

✦ 点头、微笑或者偶尔发出肯定的声音或者是其他的回应，从而让说话者知道你注意到了。

✦ 不要为了表达自己的观点而打断别人，耐心等待别人说完。

✦ 如果你不确定自己是否明白了对方的意思，直接提问并请对方进一步说明。

✦ 阐释你听到的，以便说话的人能确认你获得的是正确的信息。

遵循这些简单的指导原则，你就能大大改善你的沟通技巧，在人际关系中促进彼此更好地理解，同时提升你的生活品质。

52
沟通中的性别差异：事实还是虚幻

“男人和女人来自不同的星球，他们永远不能学会彼此怎么交流，如何说同样的语言。”蒂娜在一个午餐会上这么说，她的女同事也赞同。弗雷德不怎么确定，但是乔纳森说：“就算是弗洛伊德也永远弄不明白女人想要什么。”

最近，越来越多的人注意到了男人和女人在运用语言方面存在着差异。关于这个主题的书籍的销量已经达到令人吃惊的程度，而且越来越多的人开始相信，男人和女人之间存在一些不可逾越的沟壑，阻碍了男人和女人之间真正的互相了解。这些书籍的作者坚信，沟通方面的性别差异起源于生物的、文化的和社会性因素，这些因素将男人和女人对语言的运用塑造成不同的模式。一些作者甚至暗示，不同性别在语言运用方面的差异，就像他们来自完全不同的星球一样。

这些作者断言，男人把语言当作解决问题的工具，而女人将语言当作增加社会亲密度的工具。他们认为，男性从等级和控制权的角度出发，获得社会和人际关系，倾向于竞争而非合作。女性则被认为从共同体和一致性的角度看待关系和社会结构，因而倾向于与对方合作而非竞争。因此，当一个女人对一个男人说问题的时候，男人典型的反应就是去解决这个问题，因此他可能会说："你应该这样做……"当一个男人对一个女人说问题的时候，女人典型的回应就是共情，她很可能会说："你感觉如何？"据说，这些基本的差异可以解释那些困扰男女亲密关系的误会和沟通中断现象。

我们的观点是，虽然这些言论中的某些立足一些少数事实，比如一些泛泛而谈的观点和刻板印象，但这些言论在个体差异面前仍然站不住脚。可能已经有关于沟通中的性别差异的有效研究，但至少目前我们没有见到。所以，我们根本无法知道有多少男性在根本上不热衷发展事业，而是更倾向回归家庭；也不知道有多少女性是崇尚支配感和地位的。确实，这些数字每天都在改变，女性在当今世界以及劳动力市场上扮演的角色，与 20 年前有了翻天覆地的变化。

人们并不是自己生物性的奴隶，也不是社会这个复杂棋盘上的棋子。有效沟通是男人和女人都能掌握的技巧。再深入一点看，我们都是人类，男人和女人在心理上的同质性远远比任何真实的或是想象的差异性有价值。

53
认识沟通的要素

“他从来就不听我说话！”爱丽丝抱怨道，“即使我确实在跟他说一些重要事情的时候，比如说孩子问题，他都只是漠视我。”“我确实想谈孩子，”汤姆回应说，“但是，她总是等到我忙的时候才开始说，然后又要求我停下手中的事情，只是因为当时她想说话。”

只要我们醒着，并且与他人待在一起，沟通就不会停止。我们说的或做的每一件事都传递出重要的信息。例如，如果爱丽丝对汤姆说：“我十分担心比利成绩单上那少得可怜的分数。”她是在表达一种强烈意愿去谈论比利的学业成绩。而如果汤姆的反应是继续看报纸，他则传递出一个同样重要的信号，那就是他并不想谈论这件事。

很多人由于时机错误而陷入沟通困境。“我的妻子总是在我看电视的时候想和我进行推心置腹的讨论。”“我的丈夫总是在我和生意伙伴打电话的时候找我说话。”

沟通是交换信息的过程。这是我们了解别人的唯一方法。对普通人来说，沟通是表达自己的最常见的方式。沟通有两种形式：语言的，即用话语传递信息内容；非语言的，即没有说出来，而是通过行为（如声调、面部表情、手势……）传达信息。信息可以是积极的也可以是消极的，而且能够通过语言或非语言方式传达。

沟通的另一个维度就是沟通发生的背景，即当时的情境。例如，同样说“我准备去散步”这样一句话，在一个重要的会谈中间说，和在伙伴开心地看书或者看电视的时候说，会传达出特别不一样的信息。

知道沟通的这些基本要素，并且明智地运用它们，能使我们的人际关系产生巨大的改变。

54
关于说“不”

罗兰德遇到了紧急情况，但他的车正在维修，所以他向阿尔文借车。当阿尔文说“不”的时候，罗兰德感到有点难以接受。罗兰德说每次阿尔文向他借车时，他都特别乐意地借给了他。阿尔文回应说：“我早已下定决心绝不把车借给别人。”

罗兰德并不认为自己只是“别人”，他认为他和阿尔文是朋友。阿尔文可能有正当理由不让罗兰德借用他的车，但如果他衡量一下与罗兰德的友情，他就有必要跟罗兰德说清楚。

每天找我们寻求治疗的人中，有很多人都经历过随意说“不”的消极后果。

你是否能想起曾经你想要某个东西，而且提出了一个合理的要求（可能就是想要别人帮个小忙），然后对方说了“不”？或者，你可能回忆起某一件特别重要的事情，那件事对你来说非常迫切，而且本来别人举手之劳就可以帮到你，他却拒绝了你。那些拒绝可能使你不开心，拒绝你的那个人也没有让你感到温暖。

几乎每个人在被随意拒绝的时候都会有消极的反应。当一个合情合理的请求被拒绝的时候，或当一个简单的请求被拒绝的时候，大多数人都感到受伤、生气和失望。随着事情的重要性上升，这种反应会是生气、愤怒，甚至可能是深深的失望。

在我们的临床经验中，见过很多经常说“不”的人，其生活因此陷入一团混乱。当他们意识到很多关系问题源于自己的消极风格后，他们会看到乐于助人的价值，并且生活会慢慢发生好转。

不必要的拒绝会导致情侣之间、亲子之间、师生之间、朋友之间、雇工和雇主之间发生很多不愉快。因此，如果有人向你提出请求时，我们强烈建议你：

✦ **试着说“好的”，除非有正当理由不这么做。**

我们并不是要你成为一个“好好先生”。有些时候需要果断拒绝别人的请求。但如果别人提出的要求是合理的，你又很看重你们的关系，尝试说“好的”。你可能会惊讶于这个回应是如何增进和稳固关系的。

一定要在合适的时机说“不”：比如对方提出的要求不合理，或者同意这个要求会给你或者别人带来伤害，或者会给你带来特别多的困扰。相反，如果答应请求对巩固关系有好处、能够增进喜爱和友善，而且也不会伤害任何人，为什么不说“好”呢？

55
放下积怨

哈罗德和莫德在咨询室里进行每周一次的婚姻咨询。莫德痛苦地说："我们在参加我姐姐和姐夫的宴会时，哈罗德说了一些粗暴的话，并且使他们受到了侮辱。"当回想这件事的时候，能明显看到莫德很沮丧，就好像这是一个还未愈合的伤口。哈罗德说："如果我告诉你这已经是8年前的事了，你会怎么说？"

莫德犯了一个常见但是很严重的错误，对发生在过去的事件喋喋不休。总是对你的伴侣"翻旧账"绝对没有意义，无论这件事琐碎或是重要，过去的都已经过去。历史只能在两种情况下有价值：能让我们从过去的错误中学习，或者通过回忆开心的往事获得快乐。

重提不开心的往事会带来距离感、产生怨恨，往往还会导致破坏性的争吵。如果对方的行为糟糕到足以让你结束这段关系，那就这么做吧。但是，如果你选择继续在一起：

✦ 而你仍用过去的事情来惩罚对方，那么你们俩都无法从这段感情中收获快乐。

如果你想让伴侣为他造成伤害做出补偿，那就说出你想要的——坚定但是友好地说。充满怨恨地绕圈子只会吞噬你，并吞噬这段关系。

✦ 最好的方式就是去表达，然后解决它，最后放下它。

不要再旧事重提，应消除不好的感受。第一步就是把那件事看淡。

当然，你可能会考虑，当发生不愉快的情形时，你是否扮演了其中的角色。试着问一下自己，当你心怀愤恨的时候你到底能获得什么。紧握住怨恨不放手的话，最终只会伤害你自己，也伤害别人。

值得一提的是，这个讨论指的是基于单个孤立事件的怨恨。形成习惯就要另当别论了。

✦ 如果你的伴侣一直重提旧事并养成了习惯，那就需要采取积极措施了。

为避免攻击性的和破坏性的行为模式，你有充分的权利要求伴侣改变他的行为。如果不行的话，你需要认真考虑结束这段关系，尤其是当任何形式的虐待行为发生的时候。

56
泛泛而论的危险

当埃洛伊塞说：“马克很杰出。”她指的是他在网球场上的精彩表现。基斯则说：“在我看来马克没那么聪明。”他指的则是马克没有受过良好的教育。埃洛伊塞和基斯都是在将事情概括化。

如果埃洛伊塞说马克是一个杰出的网球运动员，基斯就没有理由反驳她。每当你对别人或者自己做一个概括性的陈述时，你很可能会扭曲事实，并且只传达了一点点真实信息。

比如，“你很自私”“你好极了”“你很愚蠢”“你太有才了”等，都是模糊的概括性表达。比如：“你很自私”会暗指一个人经常忽视别人的需求和愿望，而做一些以自我为中心的选择。

人们倾向于在某个事件发生之后做出上述论断。例如，杰拉尔德因为他的妻子把他兄弟的个人信息透露给朋友而恼怒。他说：“你真是个大舌头！”但是如果他换个说法会更加有效：“我希望你不要再跟你的朋友说我兄弟的问题了。”

没有人总是单方面的百分百完美。如果一个人有 20% 的时间做出自私的决定，那他 / 她就有 80% 的时间是不自私的！因此，在表达时最好具体一些：“在莎莉的聚会上，当你不愿意和你的朋友汤米分享这块蛋糕时，你看起来真自私！”同样地，与其说：“你真愚蠢。”不如让他知道你的批评背后指的是他的哪个行为：“你对着安评价她的母亲在我看来十分愚蠢。”

✦ 尽可能地传达具体的信息。

概括化的语句（“你真有才！”“你真棒！”）往往是不准确的，而且会造成尴尬，甚至带来伤害。有的人可能在计算方面很出色，或者在数学方面很有天赋，但是在其他方面十分笨拙。因此，一些诸如“你的词汇量真出众，在单词方面很了不起”比“你很聪明”传达的信息更多。这个也同样适用于概括化的自我陈述：“我很愚蠢。”“我从来没把什么事情做对过。”“我是个天才。”

✦ 在某些情况下做了一些自私或愚蠢的事情，并不意味着你是一个自私或愚蠢的人。

✦ 同样，在某些情况下很慷慨或者很有才华，也不意味着你就是一个慷慨或者有才华的人。

当你处于接受信息的一端时，

✦ 要求别人具体化。

如果一个负面的评价指向你，与其生气或者报复性地回应“你也没那么聪明！”，不如这样简单的一句有效：“你能说得再具体一点吗？”通常，这会引导批评者去重新思考他/她的观点，然后以更具建设性的方式表达出来。

57
“我……”句式

“你从来都不准时回家！你认为每件事都需要按照日程走，但家里其他人不能只是呆呆地等着你！为什么你就不能多体谅他人呢？！”希拉已经厌倦了就晚归的事情对着她 14 岁的儿子伊恩唠叨了。但无论她抱怨得多么频繁，他几乎没有哪次准时回家，而且他们的对话最终往往以争吵结束。

你怎样说一件事情和你说的内容同样重要。如果你想减少不必要的紧张气氛和无用的争执，学会用“我……”句式而非“你……”句式，会有很好的效果。

“我……”和“你……”的差别很简单。看一看希拉对她儿子的长篇大论：“你从不……你认为……为什么你就不能……”这都是“你……”句式。相反，“我……”句式则是这样：“当我做好晚餐而你没有准时到的时候，我真的感到沮丧。”

这儿有另一个典型的例子。夫妻一方说：“你总是干坐着等着别人伺候你，而且从来不刷碗，你简直太自私了，总是以自我为中心。”这就是“你信息”（You-message）。将它和“我信息”（I-message）比较一下：“如果你帮我做家务的话，我会特别开心，尤其是帮忙刷碗的话。”

除非你是在表扬他人，一般“你……”句式都具有攻击性。任何以“你”开头的抱怨往往都是怀有敌意的。即使是非攻击的“你信息”也和“我信息”特别不同。比较一下这些信息：“你可以给你的母亲多打点电话，而不仅仅是一个月一次”相对“我想你的母亲喜欢更经常地听到你的声音”。注意“我……”句式是如何避免了批评形式的。哪一个句式更有可能获得他人的合作意愿？显然是第二种，非指令性的那个。

✦ 用“我……”句式来表达你的希望，而避免使用批评性的“你……”句式。

再看另一组对比。“你为什么不起身帮我整理这些衣服？”相对“如果你帮我整理这些衣服的话，我会很开心的”。基本的公式是“当你做Y的时候，我感到X”。“当你在房间里抽烟时，我感觉什么都被堵住，而且我的眼睛都熏得睁不开了。”这么说和这样说非常不一样：“你怎么能这么自私？你明知道我讨厌你在小屋子里抽烟！”

当然，有时候就算是“我信息”也会具有破坏性。“我觉得你是一个傻瓜！”是一个常常被误解为“我信息”的“你信息”。

“当你做 Y 时我感到 X”这个句式让别人能体会到你的感受。在爱、快乐、亲密的关系中，“我信息”有助于关系保持良久。你是否经常听到别人说：“如果约翰尼对我说话客气一点，我会更乐意帮他。但是，当他羞辱我（通过使用‘你信息’），我就根本不理他。”

✦ 如果你用一种苛刻的、敌对的和批评的方式接近某人，你可能会激起更多火药味，而不是带来光明，然后只能得到一丁点合作。

在临床实践中，我们每天都看到那些攻击性沟通方式所带来的不幸结果。

✦ 经常使用“我……”句式的人往往和别人相处得更好，而且也更加幸福。

58
空口无凭的道歉

当格雷格感到委屈时，别人只是简单说一句“对不起”，他都会感到特别满足。仅仅这几个字就能让冒犯者摆脱困境。但是对那些拒绝道歉的人，他感到十分恼火。他似乎认为“对不起”这几个字对他们来说有神奇的含义。他不能理解为什么看起来那么多人都在欺负他。

很多人说：“你欠我一个道歉！”然后当别人拒绝说“对不起”这三个字时，他们就会感到极度沮丧。坦白说，很难理解为什么那么多人坚持要听到“对不起”。很多人认为，如果不是真的感觉到抱歉，没有真正改变自己的行为，说声“对不起”过于简单。

如果某人已经做出了伤害别人、使别人沮丧、冒犯别人、打扰别人的事，或者表现得很糟糕，

✦ 最好的方法就是用实际行动改正，同时配合语言。

一个道歉是很好的开始，但是这带来另外一个问题：“现

在以及将来你打算做些什么？”太多的人认为他们可以表现恶劣，只要他们事后愿意道歉。他们看不到避免重蹈覆辙的重要性。

安德鲁挪用了一个朋友的钱之后竟然说：“好吧，我说过我很抱歉！”说的话也就只是话而已：“我十分抱歉！”“请原谅我！”寡廉鲜耻的人总能搓着手传达虚情假意的痛苦、表现出深深的懊悔，而事实上却丝毫没有这个意思。

在有些情况下，如果一个人是真诚的，一个道歉可能就足够了。但是，一个真正坚定而自信的人会说：“你能做些什么来确保这件事不会再发生了？”而不是要求一个道歉。

✦ **只有当人们同时愿意改变他们的行为时，道歉才有价值。**

确实，如果你做了让别人感觉受伤或者讨厌的事，道歉是一个好主意（尤其是当你珍视这段关系的时候）。虽然如此，底线没有改变——道歉是话语，而行为更重要。

59
学会批评

“我不明白她为什么非得这么敏感。我仅仅是试着提一点建设性的批评，但是她的反应就像我做了伤天害理的事一样。”麦克批评他人的习惯使他的又一段亲密关系破裂了。已经离过一次婚的麦克似乎在交朋处友方面有困难，而他的工作也没有着落。

当受到批评的时候，大多数人都非常敏感，而且也容易沮丧。这个过程就是一条双行道，被批评的人和批评者平分这条通路。

就算批评是建设性的，接收者也可能会过度敏感，回应的时候总是带着愤怒、悲伤或者愧疚，尤其当批评是用一种易于激发防御的方式传递的时候，比如用“你信息”的形式传送（参见第 57 条——“我……”句式）。

当人们收到以“你”开头的信息时，比如“你没有做这个”“你从没有做这个”“你总是这样这样做”这些话时，他们会感到被攻击，之后选择防御甚至是报复性的立场就很正常了。

幸运的是，有两个极好的方法，在给予建设性批评的同时也不会引发反感，第一个是：

✦ 要求在未来做一个特定的改变而不是指出现在做得不好的事情。

试着说“以后，请记住关掉大厅的灯”而不是说“你又没关大厅的灯”。说“以后，我们讨论一下我们的支出计划”，而不是说“我希望你能不再浪费我们的钱了”。

第二个提出建设性批评的技巧就是所谓的“三明治技术”：

✦ 将批评夹在两个积极评论中间。

运用三明治技术，一个人可以说“你的引言部分写得很出色，但是在中间部分和结论部分看起来有点乱了，要是再加工加工，我确信你能把它变成一个真正好的报告”，而不是说“你写的这个工作报告很糟糕”。

就像所有技巧一样，给予批评也是一种能通过学习和练习而掌握的技巧。要求在未来做出特定的改变，而不是强调当下的消极一面，往往是最有帮助的。“以后，请记住把你的餐盘放在洗碗机里，而不是将它们堆在洗涤槽中。”比起恶意的评论、羞辱的言辞以及否定的话语来，这些要求更易于获得合作。

当然，这么做也很重要：

✦ 在你提出批评之前，充分考虑这个批评是否真的有必要。

被批评的那个人真的能从你的评论中获益吗？在麦克的案例中，保留他的批评对他来说可能更好一点。因为人们很少注意那些经常批评别人的人所给的批评。

60
接受批评

“好像每次别人抱怨我的时候，我都要予以回击。”科林生气地说，“上司对我上交的每个报告都挑刺儿。妻子也不喜欢我开车的方式。孩子们也讨厌我做的饭菜。”科林对微小批评的过度反应倾向总是给他带来不必要的痛苦和烦恼。他儿子大卫的一句“爸爸，我不喜欢热狗上的芥末”都会换来长达10分钟的“忘恩负义的孩子”的长篇大论。

谁能一生都不被批评？没有人！但是，只有很少一部分人知道怎么恰当地回应批评以及怎么有效处理批评。

基本上，批评可以分为三种：建设性的、破坏性的以及不相关的。我们一起来看一看他们都是什么样的。

不相关的批评最好忽视。有些人对每一件事、每一个人都特别苛刻，即使与当前情形不相关，他们也总是提出一些批评性意见。“……你妹妹的膝盖疙疙瘩瘩的。”像这样不相关的评论不值得回应，也不值得你给出任何情绪反应。实际上，忽视这些可能会促使批评者放松。

破坏性的批评往往以攻击、诽谤、贬低的形式呈现：“你是一头自私的猪！”“你是个令人厌恶的人！”“你愚蠢又无能！”如果你曾经受到这样的批评，你应该理解为提出批评的那个人出问题了，而不是你有问题。一个理智的、正常的、明智的人不会使用这种极端的话。当某个人过分批评他人的时候，他/她可能心理上有问题。

如果把这样的批评放在心上或者相信这些批评，那就愚蠢至极。相反，要求批评者解释他/她的措辞：“你说我愚蠢或者无能，准确来说是什么？”答案可能是这样：“好吧，你忘了帮我邮寄重要的信件，而且你在统计收入的时候犯了两个错误。”一个自信的人可能会说他/她确实犯了一些错误，但是这些错误并不会让他/她成为一个完全愚蠢和无能的人。

关于这个话题，最积极的反应应该是提出建设性批评，因为它是对具体事件的回应。“我想你需要更加留意点。你忘了邮寄这封重要的信件而且在统计收入的时候你犯了两个错误。”因此，如果一个批评是建设性的，你一定会从中学习。如果批评是破坏性的，而且你有办法避免陷入更大的麻烦，那就挑战批评者。如果是无关的，就忽视它。

很多善良的人，在别的方面通晓事理而且聪明能干，但是却不知道怎么提出建设性批评。他们可能没意识到自己在批评他人。对于这样的人，直接提出反驳更加有用，而不是陷入痛苦或者生气。例如，霍尔转向罗恩，说：“你是个显而易见的、愚蠢至极的傻瓜！”罗恩询问道：“嘿，霍尔，你知道破坏性批评和建设性批评之间的差别吗？”说完这些反驳的话之后，罗恩可以走开。如果霍尔没有智力障碍的话，他会明白这是什么意思。

61
消极的情感语言

艾伦和克莱尔在第一次“争吵”之前约会了好几个月。他们每次参加聚会时，艾伦大多数时间都会和克莱尔跳舞，但是也曾经邀请过其他两位女性跳舞。“他对所有女人投怀送抱！他想和除了我以外的任何女人跳舞。”克莱尔夸张地说。

描述性语言和情感语言之间有本质的差别。情感语言往往是戏剧性的、强烈的、紧张的或激情四射的。描述性语言则是理智的、准确的以及显而易见的。它是关于一件事或者一个人的简单的、不带感情色彩的陈述。比如，“艾伦和其他两个女人跳舞了”，这就是一种描述性语言。

当表达积极情绪的时候使用情感语言是可以的，比如：“我喜欢你，爱慕你”“你太了不起了”。但是消极情感语言则会给关系带来破坏，比如：“我讨厌你切火鸡的方式”“你对我妹妹说的话太过分了”。在这种情况下，最好是用描述性的话，比如：“如果你下回把火鸡切得薄一点，我会更喜欢的”“我们一起来试着让我妹妹帮忙做家务，我认为骂她娇生惯养没有帮助”。

我们经常遇到使用消极情绪语言的人，然后我们会试着向他们展示如何把它变成一种纯描述性的话语。这儿有另一个例子：约翰下班回家，看到了妻子丽塔留下的一张纸条，上面说她去听一个演讲，不能准备晚饭。约翰是怎么描述这件事的呢？他说：“她抛弃了我。她直接走了，留下我一个人待着。”我们回应说：“你指的是有个晚上她出门了，然后希望你自己做晚饭。”

消极情绪语言往往是指责性的，而且包含着错误的推论。没有任何证据能证明艾伦想要和“除了克莱尔以外的其他任何女人”跳舞。不安全感越强的人，越喜欢使用消极情绪语言。

显而易见，当面对那些有不安全感的病人，大量的治疗工作是必要的，但第一步是鼓励他们不要再使用消极情绪语言。这一点会带来很大的改变。如果人们记得使用描述性语言，他们将会迈出重大的一步，克服不必要的不安全感，发展更好的关系。

62
果断，而不是克制或爆发

阿蒂的老板乔娜把他喊进办公室对他说：“你得学会控制你的情绪。”她建议道：“我开始怀疑我是否能信任你，而你能不能用职业态度接待来访者。你似乎总是把事情蓄积起来，直到你无法把持，然后你就爆发了。”

很多人以为自己在表达一种果断的行事风格，实际却是呈现出攻击性或是彻头彻尾的无礼态度。即使有成千上万本优质的书讨论“如何变得果断”，而且很多人都参加过果断训练研讨会，但是，令人吃惊的是，仍然有很多人保持着“克制或者爆发”的行为模式。

当那些烦心事出现的时候，这些人很少会回应。取而代之的是，他们什么都不说，压在心里，到最后，一些小事情反而成为“最后一根稻草”，使他们爆发。

如果烦心事刚出现时你就表达出来的话（让你的生活扫清怨恨），你和别人的相处就会明显地变得更好了。

很多人错误地认为小事不值一提："为什么要让你自己看起来这么挑剔、过度敏感呢？"他们把自己所有的情绪都锁在心里。这种被动性是一个严重的心理误区。这样的人不仅封闭自己，也会被别人拒之门外，因为只有让别人体验你的感受（积极的和消极的），你才能发展出亲近的、亲密的关系。

✦ 如果你不停地纠结于某件重要的事情，那就一吐为快。

✦ 也要果断地表达积极情感，如爱、感谢、钦佩、尊重和感激等。

✦ 同时要努力成为一个情感风险的承担者，因为情感表达蕴含着风险。

不要因为不必要的羞愧、尴尬或者恐惧而不去表达你的感受。让别人走进你的感受，然后看看会发生什么有益的改变。

63 过度强调隐私

“和很多我认识的人不同，我从来不会祸从口出。”威廉夸口说，“但是我的女友说，她已经厌倦了‘从我这儿刺探情报’。我不想失去她，但是难道她不能习惯我是一个私密性很强的人这个事实吗？”

“我是一个私密性很强的人”这句话暗示着什么？通常，它意味着这个人永远只生活在自己的世界里。

当感觉到个人领地被侵入时，大多数人会很不舒服。这种反应是相当正常和可以理解的。民主和自由的一部分就是个人隐私权。我们希望自己有权力决定向谁吐露心事、把什么托付给谁。谁会喜欢被监视并使得敏感的个人信息变得众所周知呢？

然而，对隐私的渴望有时候可能过犹不及。有些人总是想看起来光鲜亮丽。他们竭尽心力地隐藏自己的缺点、掩盖自己的错误，而且从来不说他们真正想说的，因为他们想取悦他人、给别人留下好印象。这样的人总会表现得紧张、焦虑，而且会因为程度很低的自我接纳而痛苦。

这些人过度保护个人隐私的程度实在让人吃惊。他们甚至不愿意回答这样的简单问题：“你早餐吃了什么？”“你做什么工作？”（这是一个关于“私密性很强的人”明显又极端的案例。）

✦ 一般说来，那些相对开放的人，他们想说的和他们实际说的是一致的，这样的人往往心理更健康。

但是，不要把那些到处说自己的故事，而且总是马上表达个人感受的喋喋不休的人当成好榜样。

✦ 试着多一点点开放，去承担让他人走进内心的风险。为你的心墙开启一扇大门、一扇窗户。你有权维护自己的隐私，但是过于保密会让你陷入不必要的焦虑和抑郁中。此外，过于保密的人不那么容易建立亲密的友谊，也不易于接收和传递爱和善意。

64
自我表露的美德

潘妮从来不给朋友讲自己药物成瘾的事，即使早在10年前她就已经戒掉了。她十分确信如果他们知道这件事，大家都会小看她。但是她总觉得自己太虚伪，所以决定冒着风险，把这件事告诉他们。“我简直无法相信！”她笑着说，“我本以为这个会伤害到我的友情，但是这反而让我的友情更坚固。现在他们也给我说更多自己的事情，我们也比以前更亲近了。”

变得更加透明和开放有明显的好处。如果没有共有的亲密和信任，就不会有真挚的爱或者是亲密的人际互动。如果不冒一点点情感风险，生活就会暗淡无光、苍白无趣。

很多人都发现了，当他们暴露一些个人的事情，有时候还是有些丢脸的事情的时候，别人总会说“我感同身受”或者“我做过类似的事情”。不再被孤立的结果往往是最振奋人心的。

（显然，有时候，别人并不会完全地接纳你的黑历史。如果对方回应你的是责难而不是安慰，回顾和考虑一下在第60条

“接受批评”里面的讨论。）

有太多的人在友谊关系中持谨慎态度，他们也因此错失真诚分享的喜悦。获得自知之明的最佳方式就是向你信任的人展示自己，然后询问他们的看法。

我们并不是建议你总是感情外露，或者是对每一个人都展示内心最深处的想法和感受。事实上有些人可能不牢靠，而且不值得搭理，但是判断谁值得信任、谁是为你好、谁可能会借用你的信息利用你并不困难。

如果被别人接纳的那个你并不是真正的你，而是他们想当然的你，你会感到虚假和不安。通过有选择地表达你的真实情感去建立信任和亲密关系是值得的。

将自己从亲密和爱恋关系中放逐，不让别人看到自己，会让你感觉和自己疏远。

✦ 因你是谁而被爱（包括你的不足和错误），而不是因你所创造的某些形象，是通往个体和人际关系完整的必由之路。

第六章

应对应激和焦虑

65
应激

“布莱恩，我这会儿不建议你再做任何的检查，”穆伦医生说道，“你的身体症状看上去是应激所致，我建议你去看一下心理医生。你需要学习一些应激管理的技巧。”

“应激”这个词是从物理学中而来，字面上的意思是使身体发生变形的力（pressure or strain）。从心理学角度上看，应激可以看作我们面对具有挑战性的任何事物时的适应和应对。

应激可以来自我们的环境、身体，或者我们的大脑。环境的应激可以是由污染、噪声或人群引起。身体的应激可以是由疾病、损害或某种原因的身体紧张所致。

✦ 我们大部分的应激是由消极的思考和错误的推理所致（来自我们大脑的创造）。

有些应激能促进个体行动以及出色的表现，而过多、长期的应激则会导致身体和心理上的问题。近期，许多科学研究开始揭示急性和慢性的应激所带来的各种不健康影响。日本已有的报告显示，很多日本人确实死于过度劳累。

从高血压、偏头痛、胃病到焦虑、抑郁和惊恐，各种问题通常都和应激有关。一些研究甚至认为某些免疫系统的疾病有可能是应激引发的。

因为每个人都是独特的，没有唯一的、最好的方式来处理应激。应激管理必须根据个体的需要、能力和限制而定。一些人能从放松训练中受益，一些人通过锻炼受益，而其他人则更喜欢冥想和意念集中的方法，或者学着去鉴别和矫正诱发应激的想法和思维。但是，许多人需要制定一个包括各种技术的压力管理方案。对于你来说，关键在于：

✦ 了解在你的生活中是什么导致了应激，以及什么能帮助你应对应激。

下面的章节我们将进一步了解应激，以及我们能做些什么。

66
应激的阶段

雷切尔的朋友认为她有主见，而且很成功。不过不幸的是，她的成功是以身体健康为代价的，因为她没有注意到自己健康超支的信号。

第一个将“应激”这个词应用到生理过程的人是内分泌学家汉斯·塞利（Hans Selye）博士，他用了许多时间研究应激对动物的影响。基于自己的成果，塞利开发了一个应激的三阶段模型——“一般性适应综合征”，该模型描述了机体在面对长期或不可避免的应激源时所经历的过程。

根据塞利所述，应激的第一阶段是“警觉期”，动物会立即采取措施行动起来，决定是逃离应激源还是与之对抗。这通常被称为“逃跑或战斗”反应。这会导致动物体内一系列迅速和复杂的生化反应，使得一些应激激素进入血液中。

下一个阶段被称为“抵抗期”，当初始阶段的警觉期已经无法处理应激时，这一阶段便会到来。在这个阶段中，身体会通过特定的新陈代谢来保持血液循环中某种特定的激素处于高水平状态，从而竭尽全力地抵抗应激的侵袭。

如果应激持续存在，那么动物会进入最后一个阶段“衰竭期”。这就像是有机体耗尽了所有燃料一样。在这个阶段，身体耗尽了生理、情绪、智力和化学的能量储备，被持续的应激淹没。在衰竭期，动物最有可能遭受各种与慢性应激有关的严重健康问题。

本条的结束语很简单：

✦ 在应激损害你的健康和幸福之前，学会应对。

67
日常生活的压力

伊桑是一个售货员，工作极其繁忙，他常说：“我从到这儿开始，一直到走出那扇门，中间没有任何休息。最疯狂的事情是，我感觉我的家庭生活压力同样很大，我甚至分不清哪个是‘煎锅’，哪个是‘火’！”

现今的人们比以往感知到更多的压力，忙碌于应对零碎的事情、紧绷的肌肉、截止日期、层出不穷的失误、疲倦、睡眠问题以及经济困扰。

曾经有很长一段时间，家庭曾是避风港，人们可以蜷在家里看一本好书，非常放松，享受“家，美好的家”给自己带来的幸福。那个时候，人们对应激的讨论不会太多。

一些人在家比工作时有更多的压力和需求——照顾小孩和应对繁忙的日程安排：跑腿、清洁、庭院劳动、修理、洗衣服以及操心收支平衡。

还有一些人觉得很难将工作有关的问题留在公司。他们沉浸在自己的工作中，很难放手。即使有机会在家休息，他们也不能放下那些工作。他们不能在到家的那一刻，掐断工作的念头，全身心地成为父母或配偶。我们常常建议来访者不要一回家就去听跟工作有关的电话留言，而是直接去帮助孩子完成家庭作业、听听配偶的抱怨，或者是开始做家里的杂事。

✦ 大部分人工作后回到家中，需要一个“解压期”。

为了避免工作的偏向，一天紧锣密鼓的工作之后，你要重新融入你的家中，尽可能放慢速度和放松身心。以下是一些帮助你放松的小建议：

✦ 愉快地去泡澡，或者洗一个温暖放松的热水澡。

✦ 躺下来，小睡一会儿。

✦ 听一些你最喜欢的音乐。

这些简单的方法能帮助你将焦虑放在身后。

如果你能使自己免于面对持续的工作要求，你就能为自己补充能量，能更好地应对日常繁杂的事务。当你做到以下这些放松身心的事情时，你再开始谈论忙碌或者沮丧的一天（或者听其他人悲伤的故事）：

✦ 喝一杯清爽宜人的饮料。

✦ 在你的阳台、甲板、庭院、书斋或其他安静的地方坐下来休息一会儿。

- ✦ 花点时间为自己思考一下。
- ✦ 想一想你经历过的愉快的事情。
- ✦ 试着用幽默或积极的方式解释每一天。
- ✦ 用积极的语调来分享一天中的好消息。

68
防止过劳

“你必须停下来，不要透支体力！”洛伦佐的妻子西尔维娅警告道，“孩子和我连你人影都看不到，长时间的工作迟早会害死你！”她的预测几乎成真：洛伦佐在工作时突然身体垮掉，在被迫住院后，他不得不停止工作。

“过度劳累”这个词已经是我们的日常用语了。它指的是那些过度工作的人，变得烦躁、迷茫、无精打采、无动机、沮丧甚至是有身体上的疾病。

对有些人来说，过劳可能经常发生。所有人对应激、截止日期、压力、要求、单调和责任的反应不同。一个人感觉挺好的事情，另一个人可能会体验为恼怒或不安。不过，大家还是可以采取一些具体的策略来防止过劳。

✦ 评估你的目标和优先事件。什么是你在生活中最想要的东西?

✦ 除了工作，从事一些其他的兴趣爱好。在工作的时候，试着做一些对你个人来说有意义的事情。

✦ 积极主动地把自己的生活变成你想要的样子。

✦ 想方设法将你的工作变得更富多样性。

✦ 通过充足的睡眠、锻炼、良好的营养和休息使自己的身体更健康。

✦ 务必不要牺牲身体健康来工作。

✦ 学习一些在家和工作时降低应激的特殊方法。

✦ 学着表达你想要的东西，但不要期待你总是能得到它。

✦ 如果可能的话，分散责任——不要将所有的重担都放在自己的肩上。

✦ 不要承担本该属于别人的责任。

✦ 留意以及去除自己身上的完美主义倾向。

✦ 了解你自己的局限，并学着接受他人的局限。

✦ 如果任务实在太艰难，试着与同事形成一个支持小组，分享感受，找到减少沮丧的方法。

✦ 当你犯错或没能达到自己的期望时，试着原谅自己。

✦ 如果有必要的话，可以寻求咨询，探讨个人发展或压力管理的问题。

69
惊恐发作

“我到底怎么了？”蒂利感到十分疑惑。她进行了彻底的检查，但是医生没有找到任何医学上的理由来解释她的症状：“如果我没有什么问题的话，那到底是什么引起这些恐怖的感受？我不能呼吸，感觉我的心都要从胸腔里蹦出来了。”

你感觉良好，在做着自己的事情，突然间被一阵强烈的恐惧压倒。你感觉到头晕、胸口闷，很难喘过气来。你的心在狂跳，你在颤抖，感到刺痛、恶心，冒冷汗。听上去像是心脏病发作，对吗？

错！听上去很吓人，刚刚描述的表现其实是惊恐发作。惊恐发作通常无法预料、突然发生，在很短的时间内会有强烈的恐惧，同时会表现出各种惊恐带来的身体症状。许多惊恐发作的人都被送进急诊室，他们被认为是心脏病发作或者是中风。

许多经历惊恐障碍的人有一个错误的观念，即认为自己真的遭受了一种未确诊（通常是灾难性的）疾病。上述提到的症状（以及其他伴随惊恐发作的消极感知）让人们相信他们自己发疯了，或者就要死了。第一步就是要让他们相信这些恐怖的念头是完全不正确的，以及他们感知上的不舒服都是惊恐障碍的表现。

尽管看上去很恐怖，但是通过特定的心理疗法，惊恐通常是很容易治疗的，偶尔才会需要药物。实际上，许多研究表明，惊恐发作可以通过特定的心理疗法迅速且有效地得到解决。

如果你或者你关心的人当中有惊恐发作的，没有必要因此烦忧。

✦ 向你的家庭医生或者一个有执业资格的心理健康专家求助。

✦ 学习能起矫正作用的呼吸和放松方法。

✦ 重新解释由惊恐导致的生理反应，它是可以控制而且没有生命威胁的，并不是灾难性的。

✦ 在可控的情境中有意地唤起惊恐症状，然后练习去减少它。

如果放任不去治疗，惊恐发作可能会恶化，导致“广场恐惧症”（意思就是“害怕去空旷的地方”）。这是一种会造成严重后果的焦虑，会导致回避和限制行为的不断增长。

70
强迫症

每个工作日，路易斯都会将闹铃设置为5点，尽管他是8点半才上班，离上班的地方只有几个街区的距离。每天早晨，他深受持续数小时的各种程序的困扰。他强迫自己进行清洗行为，不停地检查、整理各种生活用品。

一件事情检查一两遍是很正常的：看看门是否锁上了，炉子是不是关上了，闹铃是不是设置好了，不时检查各种任务是否顺利完成。

然而，有些人花费了太多的时间在重复地检查事情上，如果不这样做，他们会感到强烈的担心和焦虑。这种冲动严重影响了他们的情绪健康。

这些人可能患上了“强迫症”（Obsessive-Compulsive Disorder，OCD）。

强迫观念指的是闯入的、重复出现且持久的观点、想法、冲动或者画面，通常是令人恐惧而且没有意义的，它会造成强烈的焦虑。

强迫行为是重复性的、刻意的行为，它是由强迫观念引起，或者根据一定的规则或仪式化的程序。实施强迫行为一般是为了消除或者阻止焦虑，或者一些令人畏惧的事件或情境。

大多数时候，强迫症患者意识到他们的强迫行为是不合理的、过度的，但是他们却无力抵抗或停止这些行为。

强迫症有许多形式。除了时刻受安全和责任的困扰导致强迫性地检查物品，一些人会对尘土、细菌、污染或疾病无法释怀，因此强迫性地清洗。还有人会强迫性地产生渎神或令人讨厌的念头。一些人还经常仪式化地进行计数、整理，或根据特定的规则接触某些东西。

过去，强迫症被视为罕见而且怪异的行为。现在，我们了解到这其实很常见，困扰着上百万的人。幸运的是，基于医学和心理学对强迫症的认识，已经有非常有效的方式来治疗它，通过特定的药物和高度特性化的行为疗法来进行治疗。

和临床上的抑郁症类似，

✦ 最好将强迫症视为能够治愈的疾病，是大脑化学物质新陈代谢障碍，而不是软弱或者人格缺点。

✦ 如果它打乱了你的生活，你应该去寻求专业的帮助。

71
广泛性焦虑障碍

“我非常容易担忧，”格丽塔说道，“如果他们要给最大的担忧者颁奖，那我肯定能赢。”她的家人过去开玩笑说她是个“自寻烦恼的人”，但是，最近她的焦虑已经失去控制了，她睡不着觉，心跳过速，胃里难受……就在昨天，她头晕目眩几乎昏倒过去。

每个人都会时常经历焦虑。对某事焦虑甚至感觉到由此而来的生理反应是十分正常的。然而一些人焦虑得如此严重，因焦虑导致了剧烈的生理症状，以致它变成了一种真正的情绪障碍，不利于他们健康快乐地生活。这些“自寻烦恼的人”可能正忍受着一种折磨，这种折磨就叫作广泛性焦虑障碍（GAD）。

广泛性焦虑障碍有两个主要特征。第一个是对许多事或者活动，存有不真实或过分的担忧或焦虑，比如对并没有处在危险中的爱人可能遭受不测的担心，或者对资金或工作安全没来由的担心。在儿童和成人案例中，这种障碍可能表现为对学术能力、身体状况或者社会表现的焦虑和担忧。

广泛性焦虑障碍的第二个特征是焦虑期间的各种身体症状，包括感觉颤抖、肌肉不适、烦躁不安和易疲倦。其他的广泛性焦虑障碍症状包括：难以呼吸、心跳加快或急速跳动，流汗或感冒、手掌湿冷，口干舌燥，头晕目眩或者头重脚轻，胃肠功能紊乱，燥热或寒战，或者尿频。GAD 的最后一组症状包括激动或紧张不安，过度易变，精力集中困难或记忆困难，失眠，易怒。

要对 GAD 进行确诊，至少需要在焦虑期间表现出这些症状中的三种，而且这个人必须已经被这些症状困扰至少 6 个月。

幸运的是，大多数 GAD 患者能够通过专业的认知行为疗法得到帮助。在某些情况下，药物也可能是有帮助的。重申一次，面对这种糟糕的状况，我们给出的建议很简单：

✦ **如果 GAD 症状困扰了你，就去寻求专业的帮助。**

72
克服焦虑

卡洛斯总是想着所有可能出错的事情。他的妻子认为卡洛斯会看到很多根本不存在的危险，并且已经开始叫他“堂吉诃德”。他总是在脑海中想象各种别人根本不会去考虑的危险。卡洛斯对自己说：“我想我一定是疯了。”

卡洛斯所患的焦虑障碍是可以治疗的。焦虑障碍分为许多种,但是大多数都根植于一种常见的不真实感或者对各种事件、情况、环境的过分焦虑。

大多数引发焦虑的担心涉及一种特殊形式的想法，这种想法通常始于“如果……怎么办”的念头，此念头触发或者增加了焦虑，尤其是当想象出的担心（“如果……怎么办”）包含了一些重要的威胁、不幸或者灾祸。

和这些“如果……怎么办”连在一起的总是头脑中灾难的图景或想象。由于心理和身体是一体的两面，一方面想着那些让人恐惧的“如果……怎么办”，另一方面又将类似的不幸视觉化，一定会导致情绪上的高度焦虑。

事实上，大多数人都能够通过思考和想象威胁、不幸或者灾难性事件来减轻焦虑。这也意味着我们拥有通过转换思维和记忆图像来减轻甚至防止过度焦虑的能力。

✦ 最好的方法之一是变换产生焦虑的句型。或者在思维一开始的时候就把“如果……怎么办”换成“如果……又能怎样”；或者用让人平静的“那么……”作为回答，来阻断“如果……怎么办”的念头。

就像这样，“如果X，Y或者Z发生了，怎么办”变成“如果X，Y或者Z发生了，又能怎样”，或者“如果X，Y或者Z发生了，怎么办”紧跟其后的是“那么，1，2，或者3”。

例如，“我不能通过考试怎么办”变成“如果我不能通过考试，又能怎样”或者“那么，我下次会更加努力学习”；“我说了一些蠢话，怎么办”变成“我说了一些蠢话又能怎样”或者“那么，我会感到一瞬间的尴尬”；等等。

✦ 通过想一些让人平静的念头并且把积极的事件视觉化，你能够快速地减轻任何焦虑反应的强度。

但是要记住，焦虑管理的技巧就像其他一切技巧一样，需要学习和练习才能掌握。

73
让焦虑归位：危险与资源

富兰克林是一个好的会计师并且有一份收入不错的工作，但是当他计算各种情感上的危险时，他的数字就都错了。“我没有办法向丹尼斯表白，”他想着，“我在说话的时候可能都结结巴巴，她会认为我是一个傻瓜。我就再也不能在她面前出现了。”

这种焦虑感，通常来源于一些人们预期的不幸或可怕的事件——一种受到威胁或处于遭受失去或伤害的危险之中的感觉。

人们应对危险的资源也包含在焦虑的体验中。通常情况下，当人们感觉到极端的焦虑时，他们倾向于高估危险、低估自己的处理能力。

下面有一个例子能帮助你理解这种情况：想象你在森林里露营，坐在火堆旁。这时突然从树丛中走出一只大型的、凶猛而且饥饿的熊。1~10 的分数，你的恐惧有几分？可能是 10 分，对吗？好的，我们假设你有一根非常结实的、又长又尖锐的棍子能帮你防御熊的进攻，现在你的焦虑有多少？ 9 分？如果你是和一大群人在一起，而且大家都手持尖锐的木棍，你的恐惧有多少？或者大家手上拿的不是木棍，而是燃烧着的火把，你的恐惧程度有多少？也许是 6 分？让我们进一步设想大家手上拿着手枪或者来复枪，现在你能体验到多少恐惧呢？也许比 10 分、9 分、6 分都要少，对吧？当然，在这个情节里你是假设自己有强大的资源（枪）来应对危险（一只熊）。

当然，在我们想象的野营之旅中，我们可能仅仅是朝天放几次空枪，然后熊就毫发无损地跑掉了。（永远不要把真的弹药打到空中——它会在某处降落的！）

这里的重点是明确我们对危险的评估和我们对应付资源的评估之间的关系，以及这种关系如何影响焦虑体验。要知道，大多数焦虑的人高估了危险或者威胁并且低估了他们的应付资源。富兰克林如果向丹尼斯表白，可能也不会让自己看起来像个傻瓜，即使她拒绝了他。更进一步说，即使她说了“不”，他也很可能拥有使这微小伤疤得以恢复的人格力量。

下一次当你开始感到焦虑的时候，

✦ 问问你自己，你是否准确地估计了你所面对的困难的程度，然后尽量去考虑你处理此事所拥有的全部能任你支配的资源。

我们相信，这种简单的练习将会对保持一种平衡的视角非常有帮助，并且能够帮助你减轻不必要的焦虑。

74
过度换气综合征

“呀，玛迪，你像条狗一样喘气！你怎么了？”玛迪的哥哥大卫不是第一个注意到她奇怪的呼吸模式的人。奇怪的是，玛迪自己从未注意到这一点，直到其他人的提醒引起了她的注意。“也许这是我一直以来一阵阵头晕的原因。”她分析道。

不恰当的呼吸方式可能导致你无法呼吸！不要屏住呼吸。读下去，了解过度换气综合征（HVS）的影响。

呼吸是我们理所当然拥有的功能之一。毕竟，呼吸是一种自然的反射动作，看上去不用有意识地努力，自身就能维持这项功能。然而，许多人呼吸不正常并可能因此导致过度换气综合征的一系列症状。

每次我们呼气，我们从肺里排出二氧化碳（CO_2）。因为太多的二氧化碳沉积在我们的身体中是不健康的，并且有可能导致不舒服的症状。但是，排出太多的二氧化碳也同样可能导致各式各样可怕的感觉和症状，比如眩晕、呼吸短促、心悸、刺痛、麻木和大量出汗。

一些专家认为，过度换气综合征是因二氧化碳以碳酸的形式溶解在我们的血液中而发生。当太多二氧化碳从身体中释放出来，我们血液中的碳酸含量就降低，身体就会尽力去补偿，这样就导致了过度换气综合征。

✦ **如果你经常感受到不舒服，一阵阵头晕、呼吸短促、心悸、刺痛和其他与以上相关的症状，你可能正患有过度换气综合征。**

首先要做的是：

✦ **看家庭医生，以排除其他的明显疾病症状的可能性。**

如果症状持续，尝试“纸袋”疗法。在下一个阶段要做的是：

✦ **尝试在一个午餐袋大小的纸袋中进行5~10次呼吸（使用纸袋，绝不是塑料袋），一遍遍循环使用同样的空气。**

这种方法应该会增加二氧化碳的水平，并恢复血液中碳酸的平衡，从而减轻症状。其他的方法，如减慢腹式呼吸和原地跑步的技巧，都很简单但很有效。

✦ **如果症状持续，再次咨询你的家庭医生，或者找一个长于呼吸技巧治疗的健康或心理健康专家。**

75
多重人格障碍

“朱莉，你的项链真漂亮！”朱莉的姑姑艾达说，“你在哪儿买的？”令人尴尬的是，朱莉告诉艾达她不知道这条项链是从哪里来的。实际上，在过去的几个月里，有好几次她不能解释事情的来龙去脉。艾达知道侄女创伤性的童年经历，于是立即建议朱莉去见治疗师。

也许最有争议和潜在危险的心理诊断之一便是“多重人格障碍”（MPD），最近被重新分类为“解离性人格障碍”（DID）。简单地说，MPD 或 DID 包括了一些特征，主要的就是有两个或多个截然不同的身份或人格状态的存在。每一个都有自己思考、感知和关联的持久模式。

在 MPD 或 DID 的疑似病例中，这些身份或人格中至少有两个反复控制着个体的行为，当个体无法回忆起重要的个人信息，这很难用正常的遗忘去解释。大量的多重人格障碍案例报告了患者极度焦虑的历史，通常来自创伤性的虐待或忽视。

将MPD重新分类为DID，表明该障碍的概念十分不稳定，尚处在商讨之中，很难确定下来。不幸的是，有一些心理健康从业者似乎将其与诊断绑在了一起，宣称他的来访者中有许多患上这种障碍。事实上，MPD或DID如果真的存在，那也会是相当少。

危险的是，如果一个治疗师将这个标签贴在来访者身上，他可能会去发现，甚至更糟糕的是，去操控证据以使患者症状符合诊断。更需要注意的是，一些临床学家通常鼓励患者表现出与标签一致的行为，这会增加来访者的行为更像多重人格障碍标签的可能性，并且“符合”这个诊断分类。

我们并不否认人们会体验到奇怪的疏离、健忘以及碎片化的感觉，我们也没有完全否认MPD或DID的诊断。那些不幸遭受可怕的虐待、忽视或创伤的人很可能罹患此障碍。

然而，在用MPD或DID诊断某人之前，其他比较合理的解释应该被排除，比如躯体疾病、药物中毒或者就像创伤后应激障碍（PTSD）那样有更可信的心理障碍界定。底线是：

✦ 尽管一些执业者这样坚持，但MPD或DID并不是一种广泛存在的障碍。

第七章

处理抑郁、愤怒和情绪

76
抑郁

多恩最近几个月感到非常抑郁，但是，因为她觉得自己没有理由抑郁，所以她羞于告诉任何人她的感受，她在朋友和家人面前摆出愉快的笑脸，却一个人独自承受痛苦。

几乎所有的人都会偶尔经历心情忧郁。不愉快的生活经历会导致伤心或悲伤。许多人认为心情忧郁就是抑郁，然而真正临床上的抑郁和心情忧郁是不同的，就好像肺炎和抽鼻子是不一样的。

忧郁是一种对紧张生活状况暂时的、正常的反应。大多数个案没有身体症状、低自尊或者自杀想法，并且这种消极状态通常会在几小时或数天之内消失。而抑郁是一种强烈而持久的情绪障碍。它既影响身体也影响心理，通常会导致工作、社会和身体功能上的严重问题。

抑郁的症状包括睡眠、体重、精力、注意力和性功能方面的紊乱，通常患者会过分内疚、自我价值感丧失、对活动缺乏兴趣和乐趣，并且在极端情况下想到或尝试自杀。

不幸的是，一些人没有意识到抑郁是一种严重的疾病。他们认为它是一种人格状况、一种软弱的标志、一种性格上的不足或可能是一种暂时的坏情绪。

事实上，临床诊断上的抑郁是一种疾病，不是一种软弱或稍纵即逝的忧郁情绪。抑郁的人不能简单地“振作起来”或只是“靠自己把自己拉出来”，并且，如果没有适当的治疗，症状可能会持续数月甚至数年。

一些抑郁症是体内化学物质失衡的结果，并且可能只有通过抗抑郁的药物才能治疗。其中一些人需要心理治疗，其他人则需要综合治疗的方法。

好消息是：

✦ 80% 以上的抑郁症患者能成功治愈。

如果你或者是你关心的人处于抑郁症中，

✦ 现在就联系你的家庭医生，或者找一个合格的心理健康专家来寻求帮助。

77
愤怒

“维利！你该庆幸那孩子只是推了你一下。”他的妻子在另一辆车呼啸而去时尖叫，“说不定他会拔出一把枪来！”维利知道桑德拉是对的，他对控制愤怒的无力已经毁了他的生活：除了他的母亲，他的家人没人跟他说话；并且他最近已经被解雇，这是这6个月内的第三份工作。维利没有意识到，他的愤怒实际上已经影响了他的身体健康。

愤怒是最具破坏性的情感，比抑郁、焦虑或者内疚感都更具伤害性。

你可能听过这样一种理论：表现出所谓的A型人格（经常匆忙的、不耐烦的、过分勤劳以及野心勃勃的）的人比B型人格的人更有可能患上心脏疾病。B型人格更为放松、随意、悠闲。

进一步的研究显示，A型人格的问题不在于它急速的做事步调、压力或过分勤劳的性质，而是这些人格通常是充满敌意的，而愤怒则是根本原因。

愤怒对身体以及心理健康破坏性的影响已经被证实。但是愤怒从哪里来？怎么产生的？最简单的回答便是我们将要求强加在自己和他人身上，于是产生了愤怒。

于是，我们又该提到这样一个主题——“应该”“应当”“必须”的影响。愤怒总是包含了一个“应该”：“你应该更了解……你不应该对查理叔叔这么无礼！”

✦ 应该和不应该——这样的观念越多，你就越愤怒。

除非你是上帝，掌管着整个宇宙，否则你真的不会了解什么“应该”发生，什么“不应该”发生。你知道你喜欢什么、想要什么、希望得到什么，你也知道你自己想的是对是错、是好是坏。

当你说：“如果你在家里多做一点事情，我想会更好一些。”这样的表达与下面的表述有很大不同：“你应该在家多做一点事情。”为什么他们就应该做这些事情？关键就在于，如果做了这件事情，或者以不同的方式做一些不同的事情，你将会感到开心。

但这并不意味着任何人都要满足你的愿望，如果他们不愿意的话就要对他们感到愤怒。

✦ 丢掉那些“应该”，不要将它们强加给其他人，观察你的情绪发生了什么。

你将会经历更少的愤怒，过上更长寿、更健康和更幸福的生活。

78
更多关于愤怒的事实

卡尔认为一个人所愤怒的东西比其他方面更能体现他的情况。“有一次我和一个女性约会。”他说道，“她因为我送给她玫瑰而感到生气。”她并不喜欢玫瑰，认为卡尔在赠送前应该向她确认一下。“她如此刻薄，只关注玫瑰而忽视了我的好意。我知道这里面有很大问题，于是我结束了这段关系。”卡尔又补充说，“我听说她刚刚结束第 4 次婚姻。”

愤怒是非常普遍的体验和情绪。对有些人来说，没有一天不是伴随着愤怒而过的。它可以向外表露出来，也可以藏在心里。可以被控制，也可能失控。它可能持续很长时间，也可能很快得到解决。

通常，表达愤怒会疏远他人。发怒的人同样会有消极的自我概念和较低的自我接纳。

愤怒会隐藏在各种人际冲突、工作不顺、家庭纠纷中，它会升级至敌意、暴怒、狂怒甚至是谋杀。那些被压抑的愤怒则可能和临床表现有关，比如高血压和心脏方面的疾病。

因而，如何表达你的愤怒是非常重要的。人们表达愤怒的方式各不相同，有些人生闷气，有些人叫喊，或怒目而视，或挖苦讽刺，或退缩。20 世纪 70 年代，有一种流行的方法，治疗师告诉愤怒的来访者通过击打枕头，或尖叫，或者用软的泡沫球拍击打某人或物体来释放愤怒。但是，这些行为只会导致更强烈的愤怒，现在，经验丰富的专家已经不再使用此方法。

需要注意的是：

✦ 愤怒和攻击并不是同义词，愤怒是一种情绪状态，而攻击是一种行为。

攻击包括了有意地伤害某人，或者损害某一物体。

有没有“口头攻击”这样的说法呢？许多专家认为攻击最好是定义为有接触目的的身体行为——推搡、击打、拳击等。然而，许多情绪不稳定的人即使是一句口头上的评价诸如“你是个傻瓜！”，可能都会被认为是有攻击性的，并且可能会招来有攻击性的回应。

研究表明，做出怒容会使对方感到愤怒，然而展现出愉悦的面容、微笑和表现得快乐，则会有相反的效果。

如今，有效地减轻愤怒的项目包括针对以下目标的训练：

✦ 提高你的整体幸福感。

✦ 学习完全地放松。

✦ 学习“忽视”不重要的愤怒点。

✦ 学习通过直接陈述正当地表达愤怒，而不是通过挑衅性的方法。

最后，正如我们在许多场合说的那样，所有愤怒背后都有一个“应该”“应当”或者“必须”。我们不能说这就已经足够了。

✦ “应该”“应当”或者“必须”越少，你就越快乐，并且你身边的人们也会如此。

79
发脾气是健康的吗

“你的爱情生活怎么样？”塞缪尔的姐姐特里莎问道。塞缪尔生气了。他涨红了脸，浑身上下都在发抖，把拳头打在桌子上大叫着：“从我眼前滚开！”这是塞缪尔的典型行为。他通常会在之后道歉，说：“如果我控制住怒气的话，我可能最后会得心脏病的。”

让我们直接进入结论：

✦ 在愤怒的时候不加控制或者发脾气并不是健康的。

当某人的脾气失去控制并且任其发泄的时候，别人会遭受伤害。但否认或压抑愤怒的情绪也是不明智的。

✦ 在愤怒的时候甜美地微笑也是不健康的。

你需要表达你的愤怒，但表达有健康和不健康的方式。如果你压抑你的愤怒，如果你替换它、转变它、否认它、忽视它、脱离它都会导致麻烦。基本原则是：

✦ 表达你的愤怒，但是要用直接的陈述适当地表达，而不是激烈地表达。

“我很愤怒，你在公共场合侮辱我的哥哥。”这是一个简单直接的、言语果断的陈述。这就是我们所说的对愤怒的适当表达。“噢，得了吧！”你可能会说，“这太弱了，太拐弯抹角了。”为了发泄愤怒，一些人认为提高音量、跺脚、发牢骚、尖叫和责备某人是必要的。

真实情况是，当人们发泄愤怒时，当他们爆发的时候，他们会造成伤害——通常是对他们自己的健康，而且他们也总是会失去对方的尊敬。

有一种广为人知的传言认为，暴力和压力会在神经系统中积聚起来，除非得到完全的释放，否则血管就会破裂。实际上，反过来说才是对的。如果你像一支火箭一样爆发或者像一头疯牛一样咆哮，对你的心血管系统都施加了相当大的压力。

关于愤怒的其他观点：

✦ 丧失冷静会使你处于不利局面。如果你过分愤怒，只会显示出别人有多么大的力量来影响你。

✦ 当你愤怒的时候，直接表达自己而非挑衅性地表达是更有效的。

80
别为“烦恼的自己”而烦恼

“我真是个笨蛋！”琳达坚定地说道，“为什么我总是被妈妈惹恼？你也许认为我现在已经习惯了她的唠叨。”“噢，拜托！”她的朋友雪莉回答，“你以为你是谁，圣人？你妈妈本来就能轻易惹恼任何人！”

很多人都知道他们不需要为某些事情焦虑、生气或烦恼。他们会问：“为何这些愚蠢的小事会如此干扰我？”然后他们为自己如此“脆弱”或“愚蠢”而自责。

自责的结果是，他们不仅因为原初的焦虑、抑郁、愤怒或内疚承受痛苦，也痛苦于“自己正痛苦着”。

所以他们抑郁于抑郁，焦虑于焦虑，愤怒于愤怒，内疚于内疚，总之，转变为一种“自我遗憾”。

彼得的老板非常苛刻，总是不公平地责备他。彼得对老板很生气，而他又为自己的生气而痛恨自己。

莎莉对她的朋友卡洛尔很顺从，而当卡洛尔带着对她的奚落离去时，她又对自己生气。

对于烦恼的烦恼意义很重大吗？的确如此。

如果彼得把时间和精力浪费在抱怨老板上时，他将会专注于自我贬低，以致他投入较少的时间干自己应该做的事——如何更好地与老板相处。如果莎莉仍然因为太过顺从而对自己生气，她自己的怒火就会减少自己发展出社交技巧的机会。

✦ 矫正这些问题的第一步是仔细地检查一下自己。

如果你感到抑郁，或者焦虑，或者其他烦恼，问问自己是否为了抑郁而抑郁，为了焦虑而焦虑。如果答案是肯定的，

✦ 接受事实：作为普通人，你这样感受也是合常理的。

不要为此而自责和内疚。对自己说："我当然不想焦虑或抑郁，所以不应该自寻烦恼而让自己过得不舒心，而应该努力弥补现实。"

你应该知道：

✦ 为了并不真实存在的危险而焦虑是徒劳而不明智的，但这并不意味着你是个愚蠢的人。

✦ 不要信奉"只要对别人友好和宽容，就可以不用对自己那么好"的理念。

提醒自己：

✦ 你是人类的一员，你值得被友善对待，尤其是自己对自己的友善。

81
心境与演变

艾略特看起来很担忧，“我想我陷入了严重的抑郁。”他说。“为什么会这样想呢？”艾琳问道，“你知道，谁都会有烦恼的。”“是的，”艾略特继续说，“但是这又有什么意义呢？……有时候我活着感到幸福开心，其他时候，我觉得自己真是在情绪的谷底。”

每个人都会时不时地陷入不开心。从心理学角度讲，一直稳定、平和地活着是不可能的，甚至也是不可取的。白菜不会经历情绪的波动，但是人类却受制于情绪和感受的各种微妙变化。

单独看一天的历程，你可能也会经历很多情绪，有积极的也有消极的。你或许会感到悲伤、不安、紧张、烦扰、厌恶、挫败、生气和失望，同时，也有自豪、兴奋、幸福、欢乐和同情。这是日常正常情绪波动的清单。但是如果没有经历烦扰，你就变得暴怒，没有经历紧张，你就感到恐慌，这种情况你才有不正常的潜在可能。反应强度是情绪的一个重要维度。

正常的悲伤和异常的抑郁之间有着巨大差异，幸福与快乐和无缘由的得意与极度愉悦之间也有着本质的不同。得到成功治疗的抑郁症患者经常会为自己的情绪低落而担忧，直到他们能够学会区分抑郁和正常的心理忧郁。

因此，尽管情绪起伏是正常和可预期的，

✦ **对情绪无缘由的增强和延长也要保持警惕。**

一般来讲，情绪与环境或情境有关联。“我约会的对象迟迟不到，而我期待一个愉快的夜晚，所以我感到失望和低落。”这是正常的。但是如果这个人说“由于我的约会对象没出现，我崩溃了，我被羞辱了，我感到深深地被伤害了”，这便是异常的情绪反应。

除了情绪强度作为晴雨表，情绪的严重程度是另一个重要指标。我们有时称之为“指示球”。

✦ **没有明确原因的极端情绪的高低波动，意味着这个问题需要我们给予专业性关注。**

当这种状况显得很极端而且长时间持续时，就可以做出“双相障碍”的诊断（也被称为重度抑郁症或重度抑郁障碍）。

最后，

✦ 不合理的想法和感受似乎变得失控时，这种情绪便意味着需要求助于训练良好的心理健康专业人员。

然而，也有可能你的痛苦和这两种状况都无关。对于我们大多数人来说，一定程度的情绪低落是很正常的。

第八章

管理你的体重

82
想要减肥？计算一下吧！值那么多钱吗

虽然梅丽莎是一个有吸引力且苗条的女人，但她仍然觉得自己过重。“我至少需要减掉 10 磅的体重。”她告诉她的朋友吉恩。“哦，求你了！”同样瘦的吉恩说，“你看起来已经很好了！我才是那个需要减肥的人。”

减肥和控制饮食是一种复杂、令人感到困惑，并有可能花费数十亿美元的生意。它给渴望减肥的消费者一个承诺：你们会更加苗条、有曲线，可以达到理想的减肥目的。最终，消费者的钱包减肥会比他们本人减肥更成功。关于瘦身的科学文献是相当清醒的，其指出绝大多数的人虽然减去了很多重量，一旦不注意保持还会在 1~5 年后反弹。

成功的因素是什么？少数的成功减肥者与大多数不成功的减肥者之间有什么区别？当你研究了一些控制体重的文献后，就会发现一些事实。首先，

- 短期的节食计划带不来效果。

虽然节食可能会让你在短期内减掉体重、缩小腰围，但只要节食停止，体重和腰围就会反弹，因为大多数人又恢复到自己以前的饮食习惯和运动量。

那么文献是如何建议的呢？你如何才能增加持久控制体重的可能性？

✦ 有规律地锻炼。

只是坚持每天步行 20~40 分钟。这已被证明是非常有效果的。

✦ 坚持写饮食日记。

记录下你吃掉的所有东西，这样可以帮助你减少冲动性饮食并提高对饮食习惯的觉知。

✦ 限制脂肪的摄入量。

推荐摄入量：脂肪摄入量不超过总热量的 25%。

✦ 吃得慢些。

胃在 20 分钟之后才会将“饱了”的信号传输给大脑。因此，延长你的吃饭时间，至少给自己 20 分钟的吃饭时间，这有助于减少脂肪摄入。

另外一些建议：

✦ 多喝水。

✦ 只在饭桌上饮食、只在规定时间饮食。（比如，不要在看电视的时候吃东西。）

✦ 列出可以与你合作的家庭成员与朋友。

为了确保成功，这些行为必须内化为生活方式，而不是短期的行为。在《瘦身成功者》（*Thinner Winners*）这本书中，罗西·威尔士·斯图（Roseanne Welsh Strull）和霍华德·斯图（Howard Strull）指出，体重管理不仅仅要进行饮食计划。他们强调这一过程应包含四个部分：态度和个人发展，行为改变，锻炼和活动，营养与食品。我们将在接下来的五个部分进行介绍。

社会价值观对什么是胖的定义是不切实际的，并且无处不在。广告和电视对人们的体型构造出不健康的假象。目前对瘦的热衷即使不是危险的，也是非常不健康的，家庭成员的体型可以给人们一个更现实的准绳。关于自我接纳的宣传还有很长的路要走，以帮助最终减少暴饮暴食的行为。

✦ 在开始任何体重管理计划之前，最明智的做法是先咨询你的初级保健医生。

接下来的 5 小节并不适合肥胖症的治疗，但可以帮助那些想要减掉 10~15 磅的人。

83
合理持久的减肥（一）

“减肥和戒烟是很简单，”莱恩开玩笑地说，“我知道，但我已经失败数十次了！”

为什么要减肥？有很多很好的理由去减掉多余的体重，首先，超重危害身体健康，会引发最常见的几种疾病，如高血压、糖尿病、肾脏疾病和关节炎等。

减肥可以降低血压，甚至可以降低血清胆固醇，从而减少患心脏病的风险。严重超重的人显然比正常体重的人得病风险大得多，减轻体重首要的益处就是可以改善健康状况。

你应该减掉多少磅？你需要在医生的指导下确定你的理想体重。但是，即使没有达到你的理想体重，减掉一些多余的脂肪，对你的健康也是有非常大的好处，让你对自己的感觉更好，并有可能改善你的生活观。

许多超重的人都有过这样的经历，会用一些流行的食疗减肥法，迅速减轻体重，但只要停止节食，他们的体重会很快反弹。

想想看，从字面意义上来说，当你走上“节食”的道路，就意味着会在某一时刻停止“节制”，体重就又会回来。所谓的“溜溜球综合征”，也称为腰围控制法，“快速解决”或减肥饮食风潮的结果，往往只会带来残酷的结局。

那么，什么才是持久有效的方法呢？科学研究表明，任何减肥计划必须由以下两部分组成：

✦ 营养丰富、均衡的饮食习惯可以将卡路里的消耗控制在安全范围内。

✦ 生活方式的改变：包括饮食和运动。

总之，你需要有一个长期减肥计划：

✦ 改变你的饮食习惯。

✦ 增加运动量。

单靠节食不可能成功！如果一个人想从 180 磅减到 165 磅，那么他必须在饮食和行动上像一个 165 磅的人，而不能依旧像 180 磅的人那样生活。在本章的第二部分中，我们将讨论一些具体的方法来改变你的行为。

84
合理持久的减肥（二）

“我就不明白了，”戴安娜抱怨，“我非常注意自己吃饭时吃了多少东西。我从不会返回去再吃一顿。我尽可能吃低脂的食品。当然，我喜欢吃一些零食，但吃得很少。为什么体重就减不下去呢？”

我们强调，明智和持久的减肥需要低热量且营养均衡的饮食，加上生活方式的改变。好的减肥计划都要基于能量平衡的基础上。

如果把你的身体看成一台发动机，食物就是燃料。吃的东西超过人体需要的时候，身体就会把额外的燃料储存起来，变成你的脂肪，从而导致体重缓慢增加。

有两种方法可以让你消耗那些储存起来的脂肪：饮食（燃料）摄入的减少，通过锻炼从而更积极地提高你的燃料需求。

✦ **了解如何调节自己的饮食摄入和能量输出。**

让你的身体燃烧多余的脂肪，同时保持健康的肌肉张力。

通过加强活动增加你的能量输出，你会感觉更好，瘦下来的速度比通过节食更快。

✦ 保持一日三餐的饮食规律，避免在两餐之间吃零食。

你的身体会逐渐适应这个时间表，你将会停止不断地吃东西。

有很多的诱惑等着你。比如，看到或闻到新鲜出炉的糕点、看到电视上让你口水直流的食品广告，或者仅仅是走进厨房或家里很容易获取食物的地方，这里的魅力是你无法抵抗的。

✦ 尽量减少让你想去吃东西的线索。

你必须计划和控制何时、在哪里吃，而不是让你周围的线索操控你去饮食。如果可能的话：

✦ 每一天都在同一时间、同一个地方吃。

✦ 在家里，不要放容易使人发胖的食物。

让你的家人帮助你，不要找借口，如："我手头需要糖果、蛋糕和小甜点，因为如果我的朋友来了，我得用这些招待他们。"在第 85 节，我们将提供更多的行为技巧建议，使你走上正轨。

85
合理持久的减肥（三）

我们可以把保罗称为“自动的吃货”。他总在吃东西，比如打电话的时候，看电视时、开车时、看报纸时或准备考试时。大多数时候吃东西并不能让他获得乐趣，因为他的注意力不在吃上，但是卡路里却在不断地累积着。

为了减肥并保持成果，我们一直强调要吃低卡路里的食物，但一日三餐营养要均衡，还要增加你的活动量，清理掉家里的垃圾食品和不必要的零食，以避免由于食物引发的环境暗示。

现在，我们将提供更多的行为技巧。首先，需要强调的是，不论在何时何地进食：

✦ 确保你不分心在其他事情上。

注意不要在看报纸、打电话、看电视或看电影、开车时吃东西。因为你需要集中注意力让自己对吃了多少东西有警觉。你越分心，你吃的就会越多。更糟糕的是，你甚至无法真正享受你所多吃的食物。

如果你想改掉不停吃东西的习惯。那么，当你吃饭的时候：

✦ 确保你坐在餐桌前慢慢地吃饭。

通过集中注意力在你正在做的事情上，来改变你以前的坏习惯，那些坏习惯使你吃的超出了计划。再次强调，有效持久减肥的两个最基本要素是：

✦ 减少你摄入的热量。

✦ 增加你的活动量。

不要进行时尚化的节食。不要只吃一两种食品，而从不吃其他的食品。不要相信那些神奇减肥法！

✦ 保持低热量的同时，要丰富食品的种类。

不要每天都吃同一种食品。最重要的是慢慢吃可以让你觉得饱，不会让你吃得越来越多。在第 86 节中，我们将讨论你的想法和感受，这是学习调节自己体重的重要组成部分。我们希望这个简短的系列可以让你了解合理持久减肥的方法所在，而不仅仅停留在节食减肥。

86 合理持久的减肥（四）

“我减肥是不可能的了，”莉莉说，“我奶奶很胖，我妈妈很胖，我姑姑也很胖，我们家的女人都很胖。遗传基因的影响要比我的意志力大，这使我很绝望。”

我们已经知道，合理持久减肥的两个最重要方面是：减少热量的摄入，增加你的体育锻炼。现在，我们把注意力转向思想和感情的部分，从而规划和管理好你自己的体重。

了解自己的想法和感受是很重要的，你可以学习建设性地运用自己的想法和感受。试想：你正在努力减少食用高热量食物，但某天早晨，你不经思考地吃下了两个大巧克力甜甜圈。此时，你该如何应对失策？

你可能会说：“噢，不！我怎么能这样做呢？我搞砸了。我的体重永远也不会下降了，没有希望了。”或者你可以说：“哦，这是600多卡路里的热量。嗯，我感到不高兴，但是不会惊慌。如果我很注意，在一天剩下的时间里，我还可以调整饮食，还是可以保证自己不超出极限。”

✦ 想法可以影响你的行为。有些想法会阻碍你控制体重，而另一些想法会帮助你。

“我减肥的速度不够快，以这种速度我将永远不会达到自己理想的体重！”——这是消极想法的典型例子。而下面这种想法相比是更明智的：“如果我快速减肥，可能只会更快地反弹。我每天每顿饭集中精力逐渐减肥。”这是一个更聪明的办法，更容易获得成功。

另一个典型消极的想法是：“我没有足够的毅力。因为我太软弱，因此永远也无法坚持一个合理的饮食计划。”相反，教自己说：“别急，这不是意志力的问题。它不是非此即彼的问题。我可以学习减肥技能，因为我需要。”

如下思考对你、对减肥是没有益处的：“我天生是个胖子，而且将永远是。”试试看相反的说法：“就算我天生比别人胖，但这并不代表我无法减肥。”

你需要挑战这些自动的消极思想。相信你可以运用自己的控制力，开发更积极的态度。

✦ 小心不要触发会引发暴饮暴食的情绪——寂寞、无聊、疲惫、愤怒和抑郁的情绪。

你不必用食物填充你生活中的空隙。下一步，我们将讨论如何使用心理意象。

87
合理持久的减肥（五）

“太神奇了，”娜拉高兴地说，“我想要减肥。节食没有起效，我觉得自己很失败。医生让我走出条条框框，而去培养健康的生活习惯。现在，我无须再让自己饿肚子，几乎每天我都吃健康的食物并进行锻炼。我的感觉好多了！我期待会有更好的感觉！”

除了吃低热量、营养均衡的一日三餐，增加体育活动，积极地自我对话，避免诱人的食品和其他刺激物去触发不良的饮食反应，心理意象也可以成为一个功能强大的体重管理工具。

✦ 在你的脑海里一遍又一遍地想象你自己达到目标后的样子。

不断重复一个成功的精神形象可以使成功的可能性更大。如果不断在心中描绘成功的意象，这势必会影响到真实的情况。所以，在去参加一个有着诱惑力食物并且还有人不断怂恿你吃一些高热量食物的晚宴之前，你可以在想象中排练一下，你是如何坚持自己的原则的。想象一下，别人都在吃那些高热量的食物，而你决定不吃并从这些食物中走开，那感觉真是好极了。

现在花几分钟的时间去想象一个真实的情景：有个人给你拿来了诱人的食物。想象一下这个人穿着相貌的细节，想象一下食物诱人的香气。（在继续阅读之前，请花一些时间让这幅画面尽可能在你脑中生动地展现开来。）现在你看到自己拒绝向诱惑妥协。想象你自己拒绝品尝食物，你自己决定远离它们，并为此感到无比骄傲。

✦ 负面的图像也可以帮助你。

让我们假设你看到一些丰富的甜品，让你直流口水。这需要巨大的意志力，让你不去吃。现在，尽情发挥自己的想象力，想象有人吐了这些美味的甜点，恶心！在这种情况下，你可能会说："不，谢谢！"而不需任何所谓的"意志力"。

（记住两个基本影像技术：意象预演——排练，在你的脑海里想象各种诱人的场景，然后你避免诱惑，坚持你的计划；消极意象——当你的"意志力"缺乏时，使用消极图像让你坚定。）

✦ 合理和持久减肥的基本要素是开发并维护健康的生活方式。

只节食是不够的。持久减肥，最起码你需要采取以下步骤：

- 保持积极的心态。
- 从别人那里获得情感上的支持。
- 多多运动。
- 吃得合理。
- 保证营养。
- 实践减压技术。
- 不要短时间内减掉大量的体重。

第九章

如何选择心理治疗

88
精神科医生和临床心理学家的区别

“精神科医生和临床心理学家都是医生，对吗？两者有什么不同？”还没有决定好看哪类医生的菲尔被这个问题折磨得充满了沮丧与困惑。

菲尔这种情况并非个案，许多人并不知道心理健康从业人员有哪些不同，甚至相关的专业人士也不确定如何区分精神科医生与临床心理学家。正如那句比较古老的推销语一样：“你不能光介绍演员而不报节目。”那就让我们试着帮助你在心理健康领域“区分演员”。

精神科医生是医生，曾获得医学博士，或者是毕业于医学院并在预防、诊断、心理与情绪障碍治疗等领域实习过的博士。大多数医生（不管是哪个专业的）都在医学院和研究生实习阶段或多或少经历过相同的训练，然后在进一步的训练中也就是住院实习期间专攻某一领域。精神科医生的住院实习期一般需要3年。

因为他们接受的训练是医学性质的，很少有精神科医生接受过深入的、专门的心理社会疗法培训，一般情况下，他们学习的是传统的精神分析或者心理动力学的方法。因此，对于大多数精神科医生来说，首选疗法是药物治疗，或者让病人“躺在沙发上”接受长程的分析治疗，又或者将药物和短程心理动力疗法结合。（在第 89 节我们会讨论这三种主要的心理疗法。）

临床心理学家是涉及人类思维、情绪、行为和关系方面研究的应用心理学领域，是按照艺术与科学方式进行训练的。临床心理学家一般拥有博士学位（医学博士、心理学博士或者教育学博士），毕业于被认证的研究院，在临床领域至少进行了为期两年的有督导的博士后实习（就像内科医生），并根据国家法律获得许可进行执业，根据国家法律被授权从业。

临床心理学家把心理学原理应用于有关心理、情绪、行为以及个人与团体发展问题的治疗。他们的受训内容包括诊断、评估、心理测验、研究方法和非医学的心理疗法和治疗方法。然而在大多数情况下，他们不可以开药。临床心理学家的训练近来引入了精神药理学，而且做好了准备。当药物治疗为必需时，将与精神科医生或者其他开业医师密切合作。

还有很多其他从事心理健康实践的工作者。当今的多数治疗都是临床社会工作者、婚姻家庭治疗师、牧师顾问等在做。

89
三种主要的心理治疗方法

吃午饭的时候，妮娜向苏描述了她和她的治疗师隆博士第一阶段的工作。苏问："她使用了哪种治疗方法？"妮娜回答说："我也不知道，有很多不同的方法吗？"

据不完全统计，在目前的心理咨询和治疗市场上有将近500种不同的治疗方法。这个广阔的领域可以简单地分为三个基本的类别：精神分析疗法、以人为中心疗法、行为疗法。

精神分析源于奥地利医生西格蒙德·弗洛伊德的工作。该理论认为情绪问题可以通过自由联想、非批判式聆听和释梦的方式进行治疗，而病人对改变的阻抗和将想法与感觉投射在分析师身上，同样也有一定的作用。

✦ **目的是培养个人的领悟能力，这有助于个人矫正性情感体验的产生，促进个人和情感的成长。**

精神分析是一系列称为"精神动力学"治疗方法的统称，该疗法在治疗过程中强调早年的生活经历、潜意识和领悟力对个人改变机制的影响。

以人为中心疗法也称为人本主义疗法，是美国心理学家卡尔·罗杰斯在20世纪中期发展出来的治疗方法，他认为自我实现或自我潜能的实现是人的本能趋向。这种治疗方法基于这样的理念：一个人在一个给予真诚、关怀和共情的治疗师的陪伴下能够成长与发展，这个治疗师既不赞扬也不责备，而是像来访者的共鸣板一样存在着。

✦ **以人为中心，治疗师与来访者的关系能够促进来访者自我实现和情感问题的解决。**

行为治疗，以及它更具有现实意义的衍生物认知－行为疗法（CBT），更看重针对现存的问题我们该怎么做，教给来访者一些具体的解决程序，而不是纠缠于过去的经历。

✦ **行为治疗的工作重点是帮助来访者改变旧的习惯，建立更为适应的行为反应。**

CBT具有短程、以问题解决为主和以目标为导向的特点。但CBT同样很看重患者与治疗师之间的治疗关系，将其看作是具体的治疗方法生根发芽的土壤。

当今，许多治疗师将他们的实践建立在若干种治疗流派的基础之上。这种根据来访者的需要而选择的、比较弹性的治疗方法有时被称作“折中的”“整合的”或者“多模式的”。

✦ 好的治疗师是将他们的治疗方法建立在对来访者的需要进行细致的评估、确实有效的治疗方法以及比较好的治疗关系的基础之上。

✦ 糟糕的治疗师经常拘泥于一个狭义的观点里，并且无法用他们的方法满足不同个体的需要。

✦ 如果你正在接受治疗，请问自己：“你的治疗师是迫使你适应疗法，还是选择合适的疗法来满足你的特殊需要。”

90
短程和长程的心理治疗

蒂姆承认自己不开心、困惑和焦虑。“为什么不尝试一下心理治疗呢？”他的朋友约瑟夫问道。蒂姆回答说：“因为我有很多比成年累月躺在治疗椅上更有意义的事情去做。”乔质疑地说：“你好好了解一下，我姐姐的心理治疗只持续了6周，并且据说这是现在的平均标准。”

美国国家心理健康协会发布的数据显示，大约有5200万美国人正遭受着显著心理问题的困扰，但是只有8%的人接受治疗。换句话来说，每5个美国人就有1个有情绪障碍，并且未接受治疗。

或者你大概知道哪些人符合这些描述：承受巨大工作压力的人、自我价值感比较低的人、婚姻出现问题的人、吸毒或酗酒的人或者正经历情绪低落期的人。这些困扰类型大多普遍存在于那些所谓的“正常”人之中。

如果是这样的话，为什么那么多本可以从心理帮助中获益的人最后却没有接受相关的心理帮助或治疗。其中一个原因是令人遗憾的，太多的人仍将心理问题与《飞越疯人院》中杰克·尼科尔森（Jack Nicholson）所扮演的精神病人的角色相联系，或者与伍迪·艾伦（Woody Allen）在电影《安妮·霍尔》中所讨论的在诊疗椅上永久地躺着相联系。

没有人希望接受长程的分析或治疗，大多数人都希望自己当前的问题能够立即得到改善，并且希望尽可能少花时间停留在咨询师的办公室中。

✦ 卓有成效的治疗师更看重来访者健康的部分，而非病理表现。

最有价值的治疗是帮助来访者认清自身的力量与能力，并对之加以很好的利用。

✦ 当代的心理治疗法倾向于短程治疗。

当治疗是解决焦点问题，而非以问题为导向的时候，能在有限的治疗会谈中获得更为明显的进步。

一些人回避心理治疗，因为他们害怕治疗师发现他们埋藏于内心深处十分秘密的事情。在焦点解决疗法中，有一个主要的目标："让我们来看看是什么正在阻碍你获得快乐，又是什么正在毁坏你的自我效能感，我们没有必要挖掘你的过去和打开那个潘多拉的盒子。"

短程治疗的疗程通常不多于 12 次会谈，旨在解决来访者最为紧迫的问题。在短程治疗的过程中，来访者学习到比较具体的解决办法，以便于他们更好地帮助自己。大家过去常常认为长程的治疗效果更好，但是，现有的研究显示，短程治疗能使来访者产生更少的依赖，除此之外，它还具有许多其他特有的优势。当然，一些人所受的困扰比较深，的确需要长期治疗，但是他们只是个例，而非普遍情况。

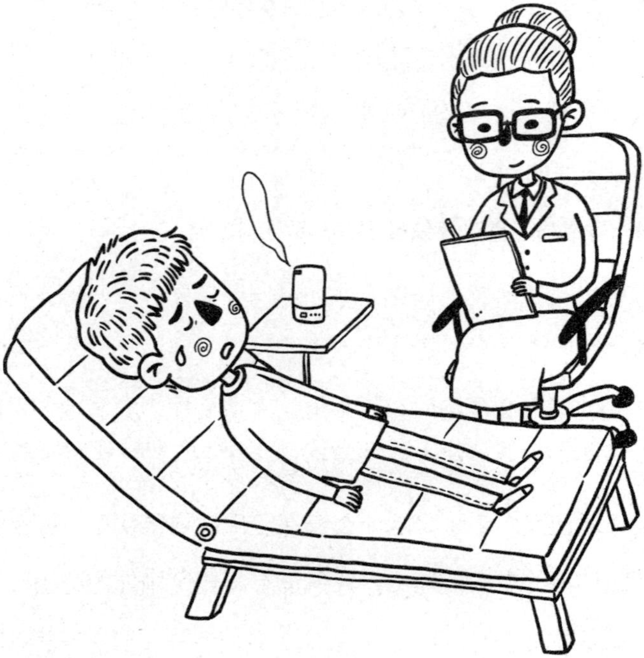

91
危险的、温和的及有效的心理治疗师

梅丽尔曾经看过一个心理咨询师，但是咨询完以后变得更糟，所以她就离开了。虽然她知道自己能从专业的心理帮助中受益，但是经历过那次失败的咨询以后，她就对心理治疗产生了恐惧。幸运的是，她的朋友雷内说服她去预约了一个热情、有同情心、技术高超的咨询师。最终，梅丽尔对结果也非常满意。

显而易见，并非所有的心理咨询或治疗都是有效的；并非所有的咨询师或者治疗师都同样能够胜任。许多人是非常有效的临床工作者，一些人是温和的助人者；还有一些从业者完全是危险的，会给来访者带来更多的伤害。

总的来说，危险的治疗师是那些只靠直觉行事，而忽视有价值的科学事实的人。他们经常会严格恪守一个还未成形的人类心理学理论或一两个比较喜欢的治疗方法，而不是将理论和方法联系实际。这种一刀切的做法试图将来访者强塞进刚性的模具中。并且，如果来访者敢于表达一些治疗师不认同的东西，他们会被这样回应：“我知道什么对你最好。”好像这个治疗师比来访者本人还要了解他们自身。

温和的治疗师基本上是中立、接纳或者支持来访者的，能够建立一种共情或者不加批判的治疗关系，从而使来访者可以表达想法和感受。虽然比上面提到的那些危险的治疗师强，但是这些治疗师常常只是对来访者的话做出一些回应，并不会提供一些具体的建议、指导或者积极帮助来访者解决现实生活中的困难。

真正有效的心理治疗师经常将治疗作为一个有活力的教育过程。

为了给来访者提供一个安全表达自己想法和感觉的地方，治疗师会试着帮助来访者澄清和纠正那些对他们的情绪或者关系有损害作用的错误信息，并且提供来访者一些以前从未了解到的缺失信息。

富有成效的治疗师所做的远超过谈话治疗，他们积极地指导、训练、模仿和教授来访者如何解决问题、如何感觉更好、如何拥有更好的关系以及如何达到目标。

除此之外，富有成效的治疗师还是一位好的聆听者和一位好的老师。

92
揭开心理治疗的神秘面纱

丹尼尔凭直觉认为，深挖他的过去对于解决他的情绪问题并没有太大帮助。“我真的不认为讨论我二年级的事情对我现在有帮助。”他向他的新治疗师解释着。“针对你的个案来说，我认为你是对的，”她赞同地回应，“我为你制定了一个新的治疗方案，接下来我给你解释一下。”

近些年来，心理学和精神病学领域已发生了巨大的变化。其中一个明显的改变就是：治疗的过程少了一些复杂与神秘。

现在，许多治疗师把工作看成解决问题，那种深挖过去的老传统已经被取代了。许多治疗流派都更关注当下的困难和不幸。

✦ “解决导向疗法”倡导用积极的策略来克服恐惧、不幸和促使人们寻求专业帮助的人际困扰。除此之外，它能帮助来访者更好地提高自助能力。

当你面临心理或情绪困扰的时候，我们建议你采用下列方法来应对：

✦ 试着明确所面临的问题，尽量做到具体。

✦ 接受你所习得的行动、思考和感觉的方式，这样你才能改变它。

✦ 设计出一种衡量问题的方法。

例如，当你被一个烦恼的想法所困扰的时候，就在笔记本上记录下来，然后当你每次觉察到自己有这样的想法时，就在后面做个标记。再举一个控制暴饮暴食的例子，如果你要克服它，你应该准确地记录下自己每次所吃的饭量，渐渐地，这种记录的行为就能减少暴饮暴食的频率。

我们只有足够努力，才能完全解决所面临的问题。如果你一直按以往的方法去感觉、去行动和去思考，那么你的困扰也会继续存在。除非当你真正地明白如何改变它，并且付诸实际行动去做的时候，你才能真正地去克服它。

✦ 如果你没有看到效果，这说明你可能不够努力，或者可能是你从现状中获益了。但这并不能说明你没救了。人生没有免费的午餐，只有我们真正地付出努力才会有所改变。

✦ 有效的心理治疗是将科学的心理学原理与“常识”结合在一起，促使人们更幸福、更高效地生活。

93
选择一个治疗师

希尔达正在选择一个治疗师。她知道社会上有许多不同种类的治疗方法和治疗师，所以她不解地问道："我该如何知道什么样的才是最适合我的？我是应该让我的医生给我推荐一位呢，还是直接去找邻居看的那位治疗师？"

选者自慎！选择治疗师是一个既困难又危险的任务，下面给那些寻求心理健康服务的人提供一些有用的小贴士。

当今，心理治疗方法和治疗师的种类数目惊人，根据现有的统计数据来看，不少于500种。所以，不仅心理治疗市场充斥着令人眼花缭乱的治疗方法和治疗师，而且在如迷宫般的心理治疗系统中找到自己的方向是困难的和令人困惑的。因为所有的疗法和治疗师都不一样，来访者最终可能会选中那些没有受到充分培训、技术不娴熟的治疗师，这样他们不仅无法获得帮助，而且还有可能被"治疗"所害。

所以，怎么办呢？问一位朋友？一位家庭医生？翻看黄页？在我看来，第一步应该是：

◆确认这位治疗师是有执照的心理健康服务提供者。

你可以通过联系你所在地的法律和公共安全部门的消费者事务部或者直接询问这位治疗师来确认他(她)是否有执业执照。

我们强烈建议准备寻求咨询或治疗的人打电话给初步选定的治疗师，询问他（她）的培训和从业经历、理论取向、专长领域、收费情况、保险结算以及其他合适的问题。如果治疗师没有给你 5~10 分钟的电话询问时间，这说明他（她）过于死板或者忙碌，可能无法向你提供高质量的服务，我们建议你还是另寻他人。

当你与治疗师见面的时候，请确认他（她）是否：

✦ 热情、接纳、不评判。

✦ 提供支持和直接回答问题。

✦ 灵活地安排时间和计划。

✦ 对解决当下的问题感兴趣，不热衷于探索和理解过去。

会谈以后，出现一种对治疗师充满希望的积极感觉是非常重要的，如果你的期望没提高反而降低了，我们建议你还是去别的地方再找找吧。

你和你的治疗师的关系和互动方式也是非常重要的。如果没有默契，如果你也不信任你的治疗师，如果你对他（她）的能力缺乏信心，或者如果你认为自己好转希望渺茫，那你还是去别处看看吧。你的快乐与幸福正处于紧要关头。

94
对接受心理治疗的误解

“我没有疯！”尼尔愤怒地说道。他的姐姐艾玛曾经婉转地劝他应该去接受心理治疗。“我不是说你疯了，”她义正词严地回答，“就像你的脚受伤了需要去看足病医生，现在你需要针对你的抑郁去看一下心理治疗师。”

虽然我们的社会对心理咨询师、精神科医生和其他有资质的心理健康服务工作者，在缓解和解决情绪问题方面的工作价值的认识已有了长足的发展，但是仍然还有很长的路要走。

因为，社会上仍然存在着给心理治疗贴上污名化标签的现象。如果大家知道美国总统候选人曾经接受过针对愤怒或抑郁的心理治疗，这将会使大家对他（她）产生怀疑。导致这种情况产生的一个普遍存在的不幸态度是：任何人如果不借助外力就无法解决自己难题的话，这就说明他是弱小的，很难让大家相信他能担当大任。

也有另外一条广为流传的错误信念：心理上的问题能够暗

示一种终生不稳定的倾向。

结果就是：无论何时，政府高官或者企业高管去接受心理治疗的时候，他们经常使用假的名字，并且把车停到离治疗室几个街区远的地方。他们倾向于预约晚上的时间段，支付现金，或者通过其他手段来掩盖自己的行踪。

由于这些污名化的认识，许多本可以受益于心理咨询或治疗的人像躲瘟疫一样躲避着它。结果说明，许多身处高层的人士会有严重的不安，因为他们从未接受过自己所需要的治疗。而事实是：

✦ 每个人都有一定的情绪问题。

生活如此复杂，以致我们无法躲避一些心理或情绪困扰。不幸的是，这些日常的困难被误称为“精神疾病”，给人们带来一种不吉利的感觉。

✦ 许多心理失常是困扰而非疾病。

✦ 一些人被定性为“病了”或者“疯了”，而这些结论都来自无知。

✦ 越需要帮助的人往往越少寻求帮助。

事实上，人们由于身处困扰之中，以致无法看清它并给予准确的评估。试着想象一下，如果通过离你鼻头只有两厘米的镜子来看自己，你能看到什么呢？如果一切正常，镜子能显现出你的影像，你的眼睛和大脑会接收相关刺激。但是你无法聚焦，因为你离得太近了。简单来说，如果你想看得清楚一些，你需要退后一步。

✦ 一个旁观者（最好接受过训练）处于一个远处较好的位置，能够准确地描述一个人生活中的困境，并能够协助他找到一些建设性的解决方法。

我们将在第 99 节对这一部分有更为详细的讨论。

95
治疗是一个“生理－心理－社会”模式过程

工作一天以后，贾尼斯面带微笑地离开了办公室。她今天最后一个病人是一个名叫奎恩的年轻人，他离开的时候非常开心，因为他已经能够克服在一群人面前说话的恐惧感了。他说：“我的演说棒极了，相信我一定会得到提拔。”不幸的是，贾尼斯只关注了奎恩的恐惧症，却忽视了他在建立恋爱关系上的无力。

现有的科学文化理论将心理健康和大多数精神或心理问题看作一种生理－心理－社会现象。

简单来说，这意味着：

✦ 大多数情绪问题是三种因素共同作用的结果：生理因素，如生理疾病和机体代谢；心理因素，如想法、情绪和行为；社会因素，如人际关系和周边的情况。

这是一个非常重要的临床工作立场，因为如果一个治疗师在临床过程中没有这三方面的视角，他很有可能错过一些对于成功治疗和持久疗效有重要意义的部分。

虽然这并不意味着所有的治疗师只有同时具有医师、心理学家和社会学家三个身份才能成为一名真正胜任的临床工作者，但这又在一定程度上说明了治疗师的确需要具备相当全面的知识基础，包括对一些医学的理解、社会视角下健康的衡量方法和系统的心理学培训。

这同样也不意味着来访者的问题总是明显地呈现出这三方面因素，但是，

✦ **只有治疗师特别注意从三个方面——生理、心理、社会来探索来访者的困扰，一些重要的信息或治疗方向才不会被忽视。**

不幸的是，许多治疗师在评估和治疗来访者问题的时候，都缺乏用途广泛的方法。许多治疗师不是用类似于一种全景镜头的方式看待来访者，而往往是以一种狭窄的视角，并且倾向于减轻人们困难，进行过于简单的归类和诊断。

事实是：

✦ **治疗师治疗的不是疾病或者状况，他们治疗的是人。**

至少，这是他们应该去做的。人都是独特和复杂的，需要一种基础深厚的、为来访者量身定制的治疗方法，这至少建立在生理、心理和社会或环境因素之上。

最后用一句话来总结本节，让我们重复一下在第 93 节所提出的选择治疗师的建议：

✦ 一般情况下，如果你的治疗师无法让你更加充满希望，那就另寻他人吧。

96
精神科药物治疗

弗吉尼亚正在接受心理咨询，她的咨询师将她诊断为典型的抑郁症。这种情况多数是以药物治疗为主，她的咨询师也向她推荐了一款新的抗抑郁药。但是弗吉尼亚想都没想就坚决拒绝了，她坚持说：“我从不吃药，即使头疼我也不会服用一片阿司匹林。”

虽然仍有很多人对心理疾病持有误解和偏见，但是已有越来越多的人对心理状态，诸如临床抑郁症和焦虑症有更多的了解。同时，人们对精神科药物治疗的认识也与日俱增。精神药物字面上的意思是“精神转变”，这些化合物常用来使一位病人从失常和混乱的精神状态转变为更加健康和平衡的状态。

尽管它们的安全性、疗效及耐受性得到验证，但许多人仍然很畏惧这些药物，错误地认为它们会使人成瘾，或者更糟糕的情况是使人变成行尸走肉！这些误解可能是源于社会上对这些药物副作用的报道，或者是来自影像材料和耸人听闻的新闻报道。

将所用的药物与病人相匹配是需要一定时间的。首先需要进行认真的诊断来确定情绪失调是不是由于病人机体的化学物质失衡导致的，然后再寻找一个合适的化学机制来重组平衡。

先把对药物的考虑放在一边，我们可以先将病人分为三类来回应“是否用药”这个问题。第一类是自身功能本质上完好的人，只是有一些人际关系问题和由压力引发的小问题。这些人既不适合使用药物治疗，也不应该给他们开药。

第二类是那些有中度以上症状或问题的人。这些人的生活、工作或社会功能受到了一些影响。由于焦虑或者抑郁，他们会表现出一些不同的生理症状。然而他们可能并不需要药物治疗，单纯的心理治疗足矣，或辅助一些药物也可。

最后一类是那些完全需要精神科药物的人。这些人呈现出严重的症状——经常是生物化学方面的，严重影响了他们生活的方方面面。这些人只有通过药物才能获得帮助。

✦ **服用适宜的精神科药物是安全的，并且在心理健康治疗中起着重要的作用。**

这里的主要议题是：病人的精神状况是否由于机体的化学物质失衡引起的？如果需要服药，那么哪类药物是需要的？怎样才能开到那些既安全又有效的药？

97
有问题了，“吃些东西”呢，还是“做些事情”

加文经常感到焦虑，但是他能够及时服用一些镇静剂来缓解紧张和不适感。他经常说：“感谢这些药片，如果没有它们我真的不知道该怎么办！”然而，后来他服用药片的数量和频率都在不断增加。

总的来说，当人们受到情绪或者心理问题困扰的时候，有三种处理方式。他们可以针对这个问题吃些药物，或者做些治疗，又或两者都有。

例如，一个焦虑或抑郁的人，他可以吃些精神科药物，或者接受一个行为－认知治疗计划，这包含学习新的技能和培养健康的行为模式。

加文向他的家庭医生寻求帮助，他被检查出来血压有点高。医生建议他：既可以服用一些抗高血压的药物使它降下来，也可以减 10 磅体重、多吃低盐低脂肪的食物、坚持有氧运动、寻找减轻工作压力的方法、有规律地进行放松训练。

也就是说，加文的医生告诉他：他既可以针对他的高血压吃些东西，也可以做些事情——一个在生理医学和行为医学间的选择。加文可以在体重减轻和养成健康的生活习惯前坚持服药，然后慢慢减少或者停止服药。

传统的生理医学比较看重药物作用，而行为医学比较看重生活方式的改变，例如培养新的、更加健康的行为习惯。行为医学的一个最普及和最有效的治疗方法叫作“认知－行为治疗”。而药物和行为治疗的混合法则是治疗的最佳方案。两者配合所产生的效果将远远高于分别使用两种方法的效果之和。因此，

✦ 合理的药物使用配合有效的行为－认知疗法经常会产生惊人的效果，并且远远比分别使用两种方法的效果之和还要好。

98
生理健康与心理健康的联系

“我没患疑病症！”尚德坚定地告诉她的女儿，“我们家族的女人本来就不太强壮，你只是比较走运，才没有和我一样的健康问题。我只是希望能够找到一个可以检查出我哪出问题而不是总说我脑子有病的医生！”

心理与生理健康间的联系说已经有将近2000年的历史了，但是关于情绪、人格和生理健康间紧密关系的科学证据是近几十年来才发现的。

很少人会反对这个说法：许多生理疾病有明显的心理成分存在。例如，大家已经知道，经历过心理创伤的人眼睛可能会完全失明：这种失明是“功能性”的，因为无法找到生理或医学知识来解释它。

焦虑或抑郁的人通常会有一些生理或医学上的问题。

✦ 这类病人抱怨的器质性疾病，却有一半病因中包含心理因素。

研究抑郁、焦虑与生理健康间关系的议题，并没有像研究敌对、愤怒与健康间的关系那样受重视。

✦ **已经有大量的新证据表明负面情绪的三种类型——愤怒、焦虑和抑郁在生理健康方面扮演着重要的角色。**

敌意、愤怒和健康间的关系已经得到很好的论证。敌意被认为有害的部分通常与冠状动脉疾病有关，并且现有的证据表明它也与其他的健康问题有关，例如关节炎和哮喘。

研究已清楚地显示医疗病人中的抑郁率普遍很高，同样，抑郁病人中很大一部分人也会患上生理疾病。哪一个是因，哪一个是果，现在还不确定。人们抑郁是由于患有生理疾病，还是由于抑郁才患有生理疾病？

焦虑程度越高的人往往有更多的健康困扰。普遍认为疑病症患者更容易焦虑、抑郁或产生敌意。神经症测试得分比较高的人经常会误认为自己有生理疾病，但是，长期的负面情绪与实质上的生理疾病有着很紧密的关系。

关键是，接受合适的治疗能改变这些情况。

✦ **不愿意接受帮助的人往往会更加无助。**

99
逃避心理治疗的借口

唐森为他的独立能力感到骄傲。“我一生都自己照顾自己，”他宣称，“我不准备去找精神科医生，我不需要他们告诉我应该做什么或怎么做。总有一天，我自己就能够克服它，毕竟，谁能比我更了解自己呢？”

我们经常会发现，那些最需要心理治疗的人往往更倾向于回避它。“我没有问题！”他们坚称，“我不用看精神科医生，我没有疯。”其实，绝大部分需要心理治疗的案例中，那些人并不“疯”（尽管一些人拒绝治疗，但事实上他们遭受的困扰真的很严重）。

现在的社会鼓励我们独立和自主。因此，当很多人的生活被痛苦或焦虑占据的时候，他们并不情愿求助其他人或寻求专业的帮助。他们坚信，拥有坚强性格的人能够依靠自己来克服心理困难，并不需要专业的治疗师。

许多人认为他们不应该将自己私密的事情告诉其他人——

除非是与自己非常亲近的家庭成员。另一些人认为，情绪困扰应该靠自己来解决。我们会经常听到这样的说法：只要你不去想那些困扰自己的事情，它们就会离你而去。而事实是，你把东西扫到地毯下面，你所得到的只是脏的地毯。这并不能解决问题，只能让事情变得越来越糟。

不幸的是，现在仍有很多人认为去看心理医生、精神科医生或者其他心理健康专业工作者是一件非常羞耻的事情。

另一个不幸的事实是，许多人倾向于认为那些没有寻求帮助，而是靠自己解决问题、冲突或焦虑的人是值得尊敬的。多年以后，如果问题还没解决，他们最终会绝望地去寻求专业的帮助。自然，这种延误只会使问题变得更加糟糕。

在临床实践中，我们偶尔会发现一些人，只是需要一剂抗抑郁药物，就能在数周内得到好转。下面这句话值得一说再说：

✦ **遭受没有必要的痛苦无关美德，也不值得尊敬。**

许多人拒绝接受心理治疗，是因为他们误以为那些深埋在内心深处的秘密将会被透露。然而现在许多治疗师倾向于焦点解决，并不会深挖过去。

100
缩小科学与实践的间隙

“那种治疗方法可能对妇女杂志中所提到的那位女士有用，”珍妮特的治疗师质疑地说，“但是你要记着，对某一个人有用并不意味着对另一个人也有用；在这儿，我更相信我的直觉。我相信，如果我们这几周一直坚持这个治疗方案，你会看到巨大改变的。”珍妮特选择去找一位新的治疗师。

当有清晰的实证能够证明一种疗法对解决某类问题有效的时候，治疗师有义务首先使用这种方法。如果没有效果的话，再尝试其他方法。

然而，仍然有很多治疗师忽略实证数据，并且坚持让来访者服从于那些通过精神分析或者精神动力学而获得的无用的“心理考古挖掘”，而不是采用得到充分证明的认知－行为疗法。例如，已有证据表明单纯地依靠洞察力并不能帮助大多数恐惧症病人、强迫症病人、双相障碍病人、惊恐障碍病人和慢性疼痛病人。

心理治疗领域中最大的问题之一就是从业者经常使用那些“感觉”是对的或者靠直觉判断的方法，尽管这些方法缺乏实证支持。这就导致了心理科学与临床实践经常无法连接在一起。临床实践像一门科学一样充满着艺术性、创造与创新。然而，当治疗师总是只依靠灵感或直觉，并且忽视了同样重要的科学性的话，来访者的根本利益就很难得到保障。

幸运的是，一些新的发展正推动着心理健康科学与实践紧密地结合在一起。一个因素是强调责任；另一个因素是越来越多的研究通过实证表明一些疗法对于特定问题是有效的。除此之外，虽然管理型医疗保健制度有很多弊端，但它似乎推动了以科学为基础的实践；管理式医疗组织不会给那些使用未经验证方法的从业者付费。

或许帮助缩小科学与实践距离更有力的方法是增长来访者知识和建立消费者驱动的组织，例如强迫症基金会、美国焦虑障碍协会和美国国家精神健康协会等。虽然那些懒惰或经验不足的从业者很轻易地就忽略了科学实证，并且总是采用之前用过的治疗方法，但是，当 4/5 的来访者都要求使用认知－行为疗法治疗的时候，从业者就不得不面对现实，停止忽略数据了。

✦ 尽管要求你的治疗师证明他的治疗方式真的适合你吧。

101
为什么很多人不会改变

克莱夫有足够的钱来支付他的心理治疗。虽然他已经在同一位治疗师那里接受超过 3 年的治疗，但是他没有任何进步。最终，妻子给他写了下面的话：“我爱你，但是你的强迫行为已经让我发疯了！你最好再找一个真正能帮助你的治疗师，否则我就搬出去住。”

为什么许多人在接受几年治疗以后并没有发生改变？因为许多人认为治疗的目的是讨论他们的问题，而不是获得解决问题的操作性方法。

✦ 讨论不是最重要的，行动才是最重要的。

此外，病人与治疗师间贫乏的共鸣感是另一个因素。

✦ 与你的治疗师在一起感到很舒服，并且对他很有信心，也是非常重要的。

如果你坚信他在用心关心你的福祉，他的评价就会对你有意义，所以每次治疗结束以后你都会觉得状态更好。这样你就会有比较大的进步。

许多人没有从治疗中得到满足，仍在遭受困扰，但是他们自认为没有问题。

✦ 如果想要产生建设性的改变，认同自己个人的问题，相信这些问题能被解决，这一点很重要。

有许多人说自己有问题，但是感觉自己就是这样，也没有什么可以去做的。

✦ 想要发生改变，就必须要有改变的意愿。

还有就是，有很多人说自己有问题，也认为可以做些事情改变它，但是似乎对改变没什么兴趣。事实是，这就像另一种形式的学习与发展。

✦ 心理的成长和情绪的再塑，需要参与者积极地学习。

现代的心理治疗是以学习为基础的活动。如果我们想要摒弃不好的习惯并获得新的、有用的生活模式，这就更像习得一种技能。

✦ 成长与改变需要努力和练习。

躺在诊疗椅上进行讨论这种比较传统的方式，已经被探寻确切的问题和找到特定的解决方法所替代。如果接受治疗的人只想聊天，不希望有两次治疗间的“家庭作业”，那么改变是不可能的。

102
你应该“坚持到底”吗

“我受不了别人抱怨。”安妮坚定地说。她秉承“咬紧牙根”的理念，当她生病、沮丧或者充满压力时，从不向别人抱怨，总是自己一个人扛着。但是在安妮结束第二段受虐的婚姻以后，她陷入了极度的抑郁。她的梦想和期望都已破灭。

行为如此坚韧是可取的吗？实际上，这和其他的极端情况一样，这与反复发牢骚和持续抱怨的人一样不健康。

安妮最后搬回了老家新泽西州。由于很难找到一份工作，她的情况更加糟糕。一个机构建议她去咨询一下心理健康中心的治疗师，或至少服用一些抗抑郁药物。她没有采纳这些建议，并决定“坚持到底”。

安妮又抑郁了一年多，其间甚至想到了自杀。终于，事情发生了好转，她最终得到了一个体面的工作。一些人可能会说：“她真棒！她挺了下来，靠自己克服了抑郁。”一个朋友把她描述为令人钦佩的女强人。然而，我们认为她经历了没必要的苦难和错失了更早的机遇。

按常理假设，如果她接受了治疗，不仅抑郁的波及面会缩小，困扰期也会缩短，而且她本可以对自己有更多的了解，或许事业上能有一个更好的位置，能有更幸福的关系。延长痛苦感和无效能感并不值得赞扬。

✦ **在需要的时候寻求帮助，这是勇气和智慧的标志，而不是懦弱。**

当人们在疲倦、沮丧、失去活力、做什么都很吃力、睡眠断断续续的时候，仍决定坚持到底，尤其需要警惕。对于那些情绪极端不稳定的人更是如此。这些症状可能源自很多情况，从荷尔蒙失调到抑郁症，到轻微的身体感染。在评估问题严重性的时候，一次彻底的身体检查是必要的第一步。

✦ **常常，“坚持到底”或“自己扛着”就如同忽视蛀牙，并希望它们能自己长好一样。**

顺便说一下，帮助不一定非得来自专业人员。好朋友也可以，但是你必须卸下骄傲，去寻求安慰、建议和支持。一旦你意识到健康和幸福远比骄傲重要的时候，这就变得很容易了。

第十章

更多的心理健康问题

103
什么塑造了性格

一位非常富有的商人安德烈，坚持让他的孩子乔希靠自己打工挣钱完成大学学业。即便在乔希课业压力非常繁重时，安德烈也没改变过他的做法。当妻子劝说他为乔希付学费的时候，安德烈会坚决回答说：“如果他不费吹灰之力就完成了学业，他就不会珍惜现有的教育机会！我也是靠自己完成的大学学业，现在多经历一些和多奋斗一些对他是有好处的。”

有一句广为流传的谚语是这样说的：“牺牲和苦难可以塑造良好的性格。”

吉姆和卡罗就是一个很好的例子。出身于贫穷家庭的他们已经结婚10年，也经历过勉强维持生计的岁月。凭借努力工作和一些幸运的机遇，他们现在已经有了相当不错的经济收入。但是，他们仍以“一分耕耘一分收获”为原则来教育自己的两个孩子，对孩子并没有太多的疼爱和赞赏。他们最喜欢的习语之一是“天下没有免费的午餐”，其实他们本可以使孩子的生活更轻松一些，但是他们错误地认为这样做会损害孩子的自信。

你认为经受苦难对于过上好的生活而言真的是必要的吗？你认为这些冷酷的态度真的能给孩子带来幸福吗？虽然努力并没有错，但是很少有人因为遭受苦难而过得更好。因为，在没有这些人为逆境的情景下，生活就已经够难的了。

其实，许多卑鄙、刻薄、自私的人，整个人生都在经受着苦难和牺牲；而许多热心、善良、体贴和大度的人并没有经历过很多逆境。虽然一些人的确从困难中得到了成长，但是经受苦难对于塑造性格来说，既不是必要的也不是合适的。事实是：

✦ 榜样的示范作用能够塑造好的性格。

父母、老师、朋友、教练、导师和邻居能够强化孩子适宜的品质和建设性地纠正孩子不合适的行为，这对于他们塑造好的性格非常关键。

✦ 培养孩子的责任感、正义感、诚实品质和发掘自我潜能的能力最重要。

仅仅依靠辛勤工作和遭受苦难来塑造性格，或许反而会产生怨恨和对抗。事实上，孩子从毫无必要的自我牺牲和困境中获益很少。

104
关于不可或缺

哈里特是一位业务经理，效力于一家业务繁忙的医疗服务机构。虽然她每年都有三周假期，但是她只在全国性假日期间整个机构都关门时，才休息一天。她说：“每当在我迫不得已休假回来后，就会发现机构特别混乱，因为没人比我更了解这个地方。”她坚信机构的业务离开她以后就无法正常运行，为此她甚至在生病时也坚持去上班。

我们遇到很多人允许自己被情感勒索，因为他们认为有些人是必不可少的。比如，一位很成功的牙医杰罗姆，向我们抱怨他的助理脾气乖戾，还经常当着客户的面对他无礼。我们问了一个显而易见的问题：“为什么不解雇她呢？”他说她是一个清楚知道每一个环节要做什么的、特别全能型的助理，他不太可能找到像她这样出色的助理了。因此，杰罗姆认为自己没有这个助理不行，所以只好忍受她的坏脾气。有趣的是，这位助理在其他地方得到了一份待遇更好的工作，离开了他。接下来会发生什么呢？他的牙科诊所一蹶不振了吗？没有。实际上，短短几周内，他就找到了一位礼貌的、令人愉快的、同样全能的助理来代替她。

还有一个组织，也是完全依靠其中一位管理者克拉伦斯，以致每个人都认为一旦他离开，整个机构就会瘫痪，因此，大家都任凭他摆布。公司乃至克拉伦斯本人都认为他的工作是不可或缺的。但是有一天，和总经理大吵一架后，克拉伦斯辞职了。你认为会发生什么事呢？这个公司是不是破产了？抱歉，克拉伦斯，你的离职只带来了短暂的运转不便，但他们很快找到了一位新的管理者，这位新同事的表现证实了他更善于组织管理，而且更好相处。

关于不可或缺的神话影响深远。很多人都相信自己是必不可少和至关重要的，但是在多数情形下，每个人都可以被取代。当然很多事情会因此改变，但是生活仍会继续。

我们见过很多像哈里特一样的来访者，他们为自己在工作中的重要性而骄傲，甚至觉得有必要每周投入 70 个小时在工作上。“我是如此重要，如果没有我的付出，公司就会衰败。”通常情况下，这些表现意味着这些员工为了工作忽略了自己的健康、家庭、友情或者任何娱乐休闲活动——而这些人又往往是公司裁员时第一批下岗的人。我们的观点是：

✦ 自己和自己爱的人应该是你最忠诚的对象。

“我不可或缺”常常意味着“我在工作中不可或缺”，这不是挺奇怪的吗？事实是，认为自己必不可少是最大的错误。别自欺欺人了，如果你去世了（但愿不会发生这样的事），你的朋友和同事会逐渐恢复平静，世界照常运转。如果不可或缺这件事的确存在，不论以哪种形式，那一定与亲人有关。没有人可以真正替代你爱的任何一位家庭成员。

✦ 请将你自己的幸福和你的亲密关系放在首位。

105
经前综合征

伊莎贝尔在丈夫抱怨她十分怪异之后，去见了家庭医生马克斯并向他倾诉："这是经前综合征（PMS），在经前那段时间我是如此暴躁以致我都不想和自己待在一块了！"马克斯向伊莎贝尔解释了经前综合征的生理机制之后，建议她服用已被证明非常有效的抗抑郁药物。

不久前，人们普遍认为女性经前的诸多症状如喜怒无常、易怒等主要是由心理因素导致。"这都是大脑惹的祸"，大家这样认为。

现在，我们知道这的确大部分要归因于大脑——这意味着大脑生理学要为 90% 女性的经前情绪反应负大部分的责任。虽然女性并不希望雌性荷尔蒙要为女性的喜怒无常现象负责，然而根据莎莉·塞韦里诺（Sally Severino）博士（一位精神病医师）和莫利·莫奈（Molly Moline）博士（一位就职于康奈尔大学医学院的生理学家）的观点来看，已经有证据证实荷尔蒙在其中起了关键作用。

经期困扰不是简单由女性的卵巢引起的。经前综合征主要作用于大脑、乳房、子宫、甲状腺和肾上腺皮质。大脑的神经递质，如 5- 羟色胺、多巴胺和去甲肾上腺素与脑垂体激素、卵巢激素相互作用导致了情绪的波动。然而，这些过程是如何发生的，仍然存有争议和有待研究。

没有人完全清楚这个过程。为什么有些女性在经期仍然可以饮酒作乐而另一些人则喜怒无常、毫无耐心，为什么有些女性一个月里只有一周需要忍受经前综合征而另外一些女性则一次要经受三周的折磨，为什么有些女性只感觉到一点忧郁而另一些女性则体验到强烈的抑郁，以及为什么大概有 10% 的女性在整个周期中完全没有感到任何生理或者情绪上的不适。对于这些疑惑我们仍然没有答案。

然而，有证据显示被经前综合征折磨的女性在月经周期前 5- 羟色胺水平较低。经前综合征中包含显著的情绪波动，抑郁的女性可能会考虑服用一些抗抑郁药物。在其他一些情绪波动情况（如躁郁症）下的药物选择——锂，在治疗经前综合征时也相当有效。关键在于，经前综合征是一种生理疾病，是可以被精神病医师和一些受训全面的内科医生治疗的。

一些女权主义者持续开展着反对将经前综合征诊断为对女

性有害的活动。但是很多专家对此并不赞同，并认为这一观点令人遗憾。如果你深受经前综合征之苦，见多识广的妇科医生应该可以为你提供一些缓解症状的服务，我们建议你尽快与你的医生谈一谈而不是忍受这不必要的痛苦。

106
天性与教养之争

“如果你小时候就是个麻烦鬼，那么你的小孩也乖不到哪去，”韦恩告诉弗兰克，“个性与行为是由基因决定的——这与你遗传的是蓝色还是棕色眼睛的道理一样。”“我不相信这一套，”弗兰克回答，“如果你用爱心和尊重对待小孩，这些一定会影响到他的行为——看看那些儿童虐待造成的心理创伤吧，是环境，而不是基因造成的差异。”

随着国民心理健康意识的增强，关于天性还是教养的争论也时常被提及。像焦虑和抑郁这样的心理困扰是遗传导致，还是主要由环境因素导致，比如早年童年经历或者其他有重要意义的经历？

对于这个问题的答案，恐怕是两者兼具。也就是说，

✦ 天性与教养（基因和环境）是紧密交织纠缠在一起的。

二者都在精神障碍和心理疾病的发展中发挥了必要的作用。

这里有一个例子可以帮助阐释这个观点：亨利和哈利是同卵双胞胎，基本上是相同的基因。而且同样遗传到了一种肠胃状况——和大多数人比起来，体内提供的可以对抗胃酸伤害的物质更少。亨利是一位英文教授，热爱本职工作，并且有良好的健康习惯，比如定期锻炼、吃低脂食物以及避免过度的酒精摄入。哈利，则是一位交通控制员，觉得这份工作要求苛刻，于是平时大量进食各种快餐，经常服用阿司匹林，而且还有酗酒的习惯。正如你猜到的一样，这个例子说的是环境的影响。最终，尽管这两个人有同样敏感的状况，不堪重负的哈利得了重度胃炎，轻松自在的亨利一直都没出现什么问题。

同样的道理也可解释一些心理问题，比如临床抑郁。就如同哈利对紧张生活方式的敏感肠胃状况一样，有些人的遗传因素如大脑内的神经化学物质失衡状况更容易被紧张的环境条件所触发，导致出现抑郁症状。

所以，到底是天性还是教养？我们认为百分之百两者都有。

107
咖啡因成瘾

里奇预约了弗雷德里克医生，因为他最近深受神经过敏和失眠之苦，他自认为这是由于压力而不是处方药物引起的。医生告诫他要停止喝咖啡和可乐，里奇认为这个建议意义不大，毕竟，他觉得他的这些症状不可能仅仅由过多的咖啡因导致。然而，遵从弗雷德里克医生的建议一个星期后，他惊喜地发现，神经过敏和失眠症状消失了。

对于大多数人来说，“成瘾”这个词让人联想到的画面有白粉、药片、针头、犯罪，还有来自贫民区的让人害怕的流浪者。然而，每天有上百万的美国人摄入数目惊人的、真正强有效的、可以影响意识的、潜在的上瘾物质：咖啡因。

没错。想想我们日常接触到的咖啡、茶、巧克力热饮、可可饮料和很多非处方的止痛药、感冒药、减肥药等，好像整个国家都强烈地依赖咖啡因来让我们精神振奋。

事实上，咖啡因是一种强效的药物，如果我们没有意识到，这可能是因为我们通常不会把咖啡因和一些严重躯体症状联系起来。

近来已经有研究将咖啡因和一些重大健康问题联系起来，比如高胆固醇，以及怀孕过程中流产风险的提高。多年来，很多内科医生都常常建议那些有高血压、心悸和心律失常的人避免摄入咖啡因。

除此之外，过量的咖啡因摄入也被认为与焦虑、失眠和惊恐发作有关。越来越多的证据显示，即使是中量的咖啡因摄入，比如每天两杯半的咖啡或者 5 罐可乐，当突然把这些从人们的日常食谱中去掉之后，也会导致生理成瘾以及实际的戒断症状，包括头痛、抑郁和焦虑。

并不是所有专家都认为适度的咖啡因摄入会带来重大健康风险或者成瘾问题。我们也不太想发出这样的警报：咖啡因摄入是全民性的“药物问题”。然而不幸的是，事实的确是这样的。我们遇到过这样的案例，一些抱怨有焦虑情绪的人在减少咖啡因摄入之后，类似的负面情绪也显著减少了。

所以，大家最好还是：

✦ 严格控制你日常的咖啡因摄入。

你是否常常焦虑、失眠、坐立不安或者易激怒？你是否太过依赖咖啡因来熬过一天？如果是，你应该：

✦ 试试过没有咖啡因的生活。

108
注意力缺陷多动障碍

对凯西来说，顺利度过中学阶段是个大问题。尽管他清楚自己非常聪明，但他就是没办法集中注意力，所以他的学业成绩很不理想。现在，他试着坚持做一项似乎对他来说不太可能完成的工作来适应“现实世界”。

每个人都会偶尔遇到这样的问题：难以保持精神集中，总有些时候注意力极易分散、健忘、条理不清、工作完成困难等。谁没有周期性地出现过这些困扰：烦躁不安、精神紧张、多话、缺乏耐心或者易冲动？

所以这些问题都是我们日常经验里自然的部分，而对有些人来说，这些问题是如此普遍和严峻，事实证明这些看似普通的问题也会带来严重的身体损害。

✦ 被这些看似普通的问题严重影响的人们也许是在深受一种名为注意力缺陷多动障碍（ADHD）的问题困扰。

这个问题困扰儿童，同样也困扰成人。

现在，三种明显的 ADHD 类型已经为大众所认识：注意力缺陷型，主要问题是注意力极易分散；多动 - 冲动型，主要问题是活动过量或者自控力极差；混合型，同时包括注意力缺陷和多动 - 冲动症状。

直至近来，人们才认识到 ADHD 是一种以生理为基础的问题。不幸的是，在过去，遭受 ADHD 多动型困扰的孩子往往因为他们许多看起来不符合常规的行为而被贴上“坏孩子”或者“破坏大王”的标签。另一些遭受 ADHD 注意力缺陷型困扰的孩子则被认为是“古怪呆滞”的或者爱做白日梦的，这部分孩子常常被人们所忽视，因此他们缺乏一些必要的指导。

现在，那些已经被正确诊断的人已经可以得到有效治疗。

✦ 多数情况下，ADHD 的治疗是双管齐下的，包括适当的药物治疗，并结合行为与社交技能训练。

药物治疗让那些 ADHD 患者，可能是生平第一次触及自己潜藏的资源，而行为治疗旨在帮助人们利用自己的潜能学习各种行为技能，这是药物治疗无法达成的效果，并且优于药物治疗。受到良好训练的专家可以帮助 ADHD 患者得到巨大改变。

109
催眠

玛莎与暴饮暴食的斗争已经持续了很多年。但当她跟妈妈提及想尝试催眠治疗的时候，她的妈妈大为震惊。“你怎么会想到这种事情！”她惊呼，“我把你养这么大是希望你懂事，而不是去做这么危险的事！谁知道当你被催眠后会发生什么事，另外，这根本就是浪费钱——那个东西一点用也没有！”

催眠，也许是心理治疗中被误解最多，也是最受争议的方法了。对于催眠疗法的误解和虚构源自人们对舞台催眠的理解。总的来说，舞台催眠的本质只是一种戏剧表演，它与专业的临床催眠之间的差距大概类似于好莱坞电影与现实生活之间的差距。

事实上，催眠是一种真正的心理现象，而且在临床应用中很有实用价值。

✦ 简而言之，催眠就是一种注意力高度集中的状态，并且常常伴随着放松和高度的暗示性。

与流行的看法恰恰相反，

✦ 在催眠状态下的人们还是受控于自身。

被催眠的个体不会做出任何逾越他们道德底线的事情。

除此之外，并不是每个人都容易受到催眠的影响。有些人具有一种名为“可催眠性”的特质，同其他特质一样，可催眠性也是因人而异的。要想成功地被催眠，你必须是自愿参与这个过程并且还要具备一定的可催眠性。

即使是具有高度可催眠性的人们也不是一定可以从催眠疗法中获益的。单次的催眠治疗通常不会产生持久的疗效。通常情况下，个体需要接受一系列的催眠过程来强化这个过程中给予的建设性指导。给被催眠的人以指示，看起来是催眠过程起作用的重要部分。然而，很多人并不接受坦率直接的指示或者对它做出反应。

✦ 在催眠过程中，指示好像悄悄潜入大脑中，也许是从意识的后门进去的吧，这是植入或者是让重要的行为和心理改变生根发芽的地方。

催眠最常见的临床应用包括：改掉坏习惯，克服失眠，唤起遗忘的经历，像麻醉药一样止痛。

你可以自己简单地尝试一下催眠的好处。轻松坐下或者躺下，让自己处于舒服状态，闭上眼睛、深呼吸，慢慢地，一呼一吸。这个过程会让大多数人改变自我觉知的状态，进入一种积极的自我陈述状态并产生效果。在这种状态下，对自己说一些积极乐观的事情，想象一些美好的事情，这样即使只有5分钟的时间，对有些人来说也是很有帮助的。

110
自我实现的预言和恶性循环

麦克十分担心马上要到来的销售报告会。尽管这份报告里满是利润和效益数据，麦克却认为汇报时他一定会出洋相。他是如此紧张，以致汇报当天他以身体不适为由告假回家休息。“这证实了预想！”他心想，“我真的就是一个失败者。”

“自我实现的预言”——一个人预测了一种结果然后不经意的行为方式导致了原来预测结果的发生。通常情况下，这个术语指的是一些负面或者不幸事件的发生。而且，这些不良的结果常常是由于人们自身所致，在不断积累中形成了一个循环，就是我们通常所说的“恶性循环”。

多数情况下，恶性循环始于对自己、他人或者世界的根深蒂固的负面和非理性信念、看法或期望，这种负面信念通常是成长和过往经历的产物，并深植心中。

举一个例子，如果一个人在成长过程中不断听到父母对他有这样的评价，如“蠢货”“你不行”“坏孩子”或者“你没有价值”。要不了多久，这些负面的教导就会在他心里生根，这个不幸的人就会开始相信这些贬损和不准确的观念。

一旦负面信念在心里生根，就会开始繁衍出各种无情的、非理性的想法，表现出负面的自言自语和不愉快的心理画面。简而言之，如果你觉得自己是不好的，那么你大概就会一直想象关于自己不好的事情。

这些负面想法，反过来，又滋生了大量的负面情绪如愤怒、抑郁、焦虑、愧疚和羞耻。很自然地，一旦你陷入负面情绪的泥沼中，想把事情做好会非常困难。接下来，你可能会出现如社会退缩、回避、不诚信、侵犯甚至滥用药物和酒精的行为。

这个循环仍在继续：如果你的行为都是非正向的，那么不良结果的发生也在情理之中。这些糟糕的结果进一步强化了最初引发这一系列后果的核心负面信念，从而使得这个恶性循环完整运作起来。

那么，可以做些什么来打破这种负面自我实现预言的恶性循环呢？解决方法应该是给予正确的信念和正向的行为。

✦ 正确的信念是利用更恰当的想法和期待来消除核心的非理性信念、取代负面自我对话并且推翻心理意象。

✦ 正向行为是鼓励人们在面对问题时接受挑战而不是一味地回避。

111
更多关于自我实现预言的介绍

亚历克决定就一些轻微焦虑的问题咨询一位治疗师。不幸的是，治疗师告诉他，他以为的小问题其实是“根深蒂固”的，如果不进行强化治疗，情况会越来越糟。亚历克回家之后觉得相当抑郁和焦虑。“我想我真的搞砸了，”他告诉妻子，“我真是一点也没想到会这样糟。”

每个人都知道，我们可以通过自我对话让自己陷入糟糕的感觉里。如果一个人说：“那个聚会对我来说一定是个折磨。”那他八成在聚会中体验到的都是不愉快的经历。丹说：“我知道金姆不喜欢我。”那么当他遇到金姆时，他会表现出惹人厌烦的行为举止从而验证自己的看法。

现在我们想谈一谈关于自我实现预言的另外一种类型，称为“医源性的”，这意味着症状是由医生引起的。举个例子，一位心理医生可能告诉来访者，因为他来自一个功能失调的家庭，或者他的父母都是酗酒者，又或者他经历过一些性虐待，所以他们会有一些情感创伤、内心脆弱和心理障碍都在情理之中。

我们知道有很多人经历一些轻微的或者暂时的心理困扰时，需要的仅仅是一些安慰、简单的建议，以及社交技能训练或者一个疗程的腹式呼吸放松法，然而，他们去找了心理治疗师，而恰恰是这些治疗师弄得他们心烦意乱、无助和绝望。

负面自我实现预言最不幸的一环，是他们自动设定了一个“心理循环”来让绝望和悲观的态度一直持续。甚至有些所谓的自助书籍也在引导读者认为，如果他们来自不完整的或者功能失调的家庭，他们不可避免地会有情感创伤。而近来的研究告诉我们更多乐观的现实。

✦ **如果得到正确的治疗，即使那些拥有不少创伤经历（如果不是非常可怕的话）的人也可以战胜这些不幸经历带来的影响。**

所以注意那些给你贴的标签，并且相信你可以战胜多数的心理问题。

✦ **如果你现在学习了一些应对技能，那么不管过去你的心情有多糟糕，你的境况也会一天比一天好起来。**

112
人格障碍

厄休拉因为严重的情绪和人际关系问题接受了多年的心理分析治疗，但是一直没有什么效果，最后，她换了一位治疗师，这位新的治疗师诊断她患有边缘性人格障碍。治疗师告诉她："你的问题可以治疗，但是这需要你付出很多努力，并且需要配合适当的精神药物治疗。"厄休拉听到之后如释重负："原来这么久问题没有好转并不是我的错，这真让人高兴！"

促使人们寻求心理治疗的多数问题都有较高的治愈率。这些问题一般包括：情绪障碍，如抑郁；焦虑障碍，如恐惧症、惊恐发作、强迫症及与压力有关的问题如创伤后应激障碍；进食障碍，如神经性厌食症和暴食症；性行为困扰；甚至像精神分裂症这样的精神疾病。尽管这些病症的诊断名称各异，但是他们都有一个重要的共同点——这些多半都是可以治疗的问题并适用于特定的治疗。

然而，还有两种诊断类别，智力障碍和人格障碍的愈后不太理想。这些问题要么根植于心理和脑功能（如智力障碍），要么存在于人的性格当中（如人格障碍）。当今的医疗技术尚不能为这些患者提供有效的治疗。虽然我们可以给一部分智力有缺陷的个体一些基础的教育，教给他们一些自我管理技能，但是基本上没有什么措施可以有效地减少他们智力上的缺陷。

类似的，对于那些患有人格障碍的个体，现今的治疗也不能治疗他们人格上的重大缺陷。但是，像那些智力障碍患者一样，患有人格障碍的个体可以学习一些基本的自我管理技能，以帮助他们更好地适应社会。对于这些案例，自我探索型的治疗恐怕对他们帮助不大，他们需要的是一些技能方面的训练。人格障碍患者最根本的特点，是长期固化的偏离社会常规的行为导致的社会功能、工作能力以及其他重要领域功能的显著损害。

现在，心理健康临床工作者已证实 10 种明显的人格障碍：偏执型人格、精神分裂型人格、分裂型人格、反社会型人格、边缘型人格、表演型人格、自恋型人格、回避型人格、依赖型人格和强迫型人格（与强迫症的诊断不同）。

偏执型人格障碍的模式是缺乏信任、多疑；精神分裂型人格障碍的特点是社会脱离和情感淡漠；分裂型人格障碍的主要表现是扭曲的思想和怪异的行为，同时难以建立亲密关系；反社会型人格障碍的主要特点是无视和侵害他人的权利；边缘型人格障碍的特点是在建立关系、自我形象和情绪等方面均不稳定且易冲动。

表演型人格障碍者往往情感极其丰富且不断地寻求他人关注；自恋型人格障碍者爱夸大，需要别人的钦慕，缺乏同理心；回避型人格障碍者的特点是社交回避，总觉得自己不够好，对批评过于敏感；依赖型人格障碍者需要非常多的关注、个性顺从、行为黏着、害怕分离；强迫型人格障碍的主要特点是极端关注整齐，完美主义，以牺牲灵活性、开放性和效率为代价控制一切。（再一次强调，后者与强迫症不能混淆。）

如果这些听起来有些混乱，的确是这样的！不过，分类系统可以帮助心理健康工作者理清复杂的心理过程。

113
个体化校正的重要性

蒂凡尼在完成她的体重控制和压力管理计划后看起来容光焕发，她自己对这样的结果也很兴奋，所以纳迪亚觉得也该试一试。“我不明白，”她失望地说，“我严格按照同样的计划执行，却没有任何效果，是我的问题吗？”

所有的心理学入门课程都告诉我们，每个人都是独特的，但是这个重要的事实却常常被忽略。结果是，我们发现各种一般事实、数字和平均统计往往缺乏个人效度。

举个例子，大家都见过那种典型的图表，上面标着根据不同的身高和骨骼结构计算出来的理想体重。一般情况下，这些数字被划分为小号、中号和大号三个领域，而实际上，常常出现的结果是，图表上提示的型号对于一个特定的个体而言不是太小就是太大。

又比如，一些出版物里的代表各种压力等级的数值。“配偶的死亡”排在首位。然而它成立的前提是每个人都同等地深爱和关心自己的配偶，所以，如果失去婚姻伴侣，每个人都会同等地遭受重创。然而，我们也看到很多夫妻遇到这种状况会觉得是一种巨大的解脱。

那么那些健康饮食书籍里提供的标准菜单呢？研读了一个备受推崇的饮食计划之后，我们的一位朋友说如果她按照这个计划执行一周的话会胖两斤。她是正确的，执行了这个计划之后她确实胖了。她的新陈代谢率与其他多数人并不一样。

类似的，在心理健康领域，太多的治疗师对每一位来访者都是用相同的标准疗法。出现的情况往往是，一种疗法对一些人十分有效，而对另一些人却可能具有破坏性。

✦ 真正好的治疗师会根据特殊的需要来调整疗法，而不是一味地对你施加自己偏爱的方法。

我们的建议如下：没有人是相同的，每个人都是独特的。

✦ 确保你仔细考虑了自己个人的需要，包括你吃的食物、服用的药物（如果有的话）、需要的睡眠和休息时间、最适合你的锻炼类型和强度，等等。

✦ 如果有些事并不适合你，咨询一位权威人士帮你制订一个独特的治疗计划。

不要以为一种特别的药物、一套行动方案或者一个特定的治疗就一定对你有好处，要知道，也许你认识的所有人可能也都这么认为。

114 职场的两个常见错误

尽管吉姆清楚自己非常腼腆，但是他认为自己聪明、有能力，在职场里颇为吃香，所以他很疑惑自己为什么不如其他同事晋升得快。类似的，安德里亚对自己的能力也很有自信，她觉得自己是个专注、勤奋的员工，所以当上司批评她的工作表现时，她感到非常惊讶和受伤。

大多数人醒着的一半以上时间都在工作，那些工作得很开心且与同事相处愉快的员工是最幸运的吧。但是，很多人都会陷入一些不必要的麻烦中。我们在临床实践中最常听到的有两种错误。第一类错误在吉姆的故事中就表现出来。安德里亚的例子体现了第二类错误。

吉姆是一个非常聪明且有创造力的人。他思维清晰、风度翩翩、对很多事有独到的见解。吉姆的工作是初级经理，他希望给上司留下好印象以便尽快晋升。但是，在员工会议和其他工作组会议中，吉姆却很少发言，因为他担心说错话、出洋相或者做错事而导致自己不能晋升。结果，到了员工评估的时候，他的上司评价他“缺乏想象力”，他也没有得到升职的机会。吉姆本想避免在他人面前出丑，而最后的结果却事与愿违。

✦ 一般情况还是积极发言为好，即使你犯了什么错误或是说了错话。

老板通常愿意尊重那些从错误中学习进步的员工。但是，

✦ 不要表现得好像你什么都知道。

（当你还是个新手时，在最初的几周里，老手都很讨厌新手“我什么都懂”的态度。）

现在我们来谈一谈安德里亚，她在会议里积极发言而且也得到了提升。她管理着 30 位员工，但是她将自己的员工当成军队里的士兵对待，她严格要求员工上班准时，午休准点，不许流连在咖啡机边。除此之外，她还经常偷偷监督自己的员工。她的下属备感压力并向她的上级抱怨。安德里亚的错误是典型的管理者所犯的错误：对员工期望过高且要求过于严格。

幸运的是，上司告诫安德里亚如果不放松一点的话就只有被解雇，好在她愿意并且能够改正自己的做事风格，安德里亚也算从自己的错误中学习到了一些道理。

如果我们遇到的来访者非常具有代表性，那么似乎职场上最让人不愉快的莫过于胆小腼腆的员工在苛刻冷漠的老板手下

干活了。我们希望，

- ✦ 读到这些片段的老板可以领会我们的意思，放松一些。
- ✦ 而他们的下属则愿意冒险积极发言！

115
匿名戒酒互助会和恢复理性组织

经过几年否认后，伯尼最终还是承认自己有饮酒问题。在咨询师的建议下，伯尼开始有规律地参加匿名戒酒互助会的聚会了，但是互助会所强调的虔诚与灵性让他立即失去了兴趣。他深知自己希望得到团体的支持来克服饮酒问题，但是这好像与匿名戒酒互助会的方法不是很匹配。

在形形色色的心理与精神健康问题中，物质滥用是最普遍和最昂贵的，其中酒精依赖和酗酒是最为常见的。许多社会问题例如交通事故、家庭纠纷、旷工、自杀、犯罪和生理疾病，都与酗酒有关。

实际上，社会对它的开支也是惊人的，估计每年都有数十亿美元。然而，当治疗酗酒的有效方法出现的时候，这个问题已经非常普遍并且产生了严重破坏，同时对精神健康产生了严峻的挑战。

多年来，匿名戒酒互助会已经成为治疗酗酒的最为著名的

机构，已经帮助了上百万人脱离苦海。然而，

✦ **匿名戒酒互助会并不适合所有人。**

研究表明，接受匿名戒酒互助会治疗的人有超过一半的人会中途退出和复发，或者另寻其他方法。因此，匿名戒酒互助会所炫耀的令人印象深刻的成功率，只是针对那些还不到一半的互助会参与者中自我选择的人们。

或许，匿名戒酒互助会最为明显的局限体现在它非同寻常的仪式，和强调将控制、决定和责任交给一个“更高力量”的“一体适用”的方法。虽然严守12步骤工作法使一些人感到惊奇，但是许多与酗酒和酒精依赖作斗争的人需要更加个性化和灵活的方案。此外，

✦ **处理那些日常烦恼、抑郁、羞耻感、愤怒和其他容易导致酗酒的负面情绪也极其重要。**

不幸的是，匿名戒酒互助会并没有做到这些。因为，他们的目标是让人们“在一天的时间”停止喝酒，但只提供了一个支持性的环境来达成目标，并没有许多问题饮酒者所需要的巩固治疗结果的特定治疗。我们的确看到许多在治疗外规律地参加匿名戒酒聚会的人，从中获益很多。实际上，匿名戒酒互助会提供的社会支持、赞助和友情是康复所必要的部分。

这些年来，可供选择的机构已经浮现——自我管理与康复

训练组织和恢复理性组织，像匿名戒酒互助会一样提供支持性小组，但是没有宗教色彩。

✦ 自我赋权、抉择和负责是康复的重要组成部分。

与鼓励人们将自己寄托于“更高力量”的匿名戒酒互助会不同，自我管理与康复训练组织和恢复理性组织是根植于自由意志和自我决定的理念，教导人们对喝酒的利弊进行辩证的思考。

✦ 没有一种方法是适合所有人的。

✦ 我们相信对于大多数人来说，支持性小组是康复的重要部分，但是，这取决于个体认识到什么才是最适合他的。

116
自助书籍：利与弊

卡萝正在书店里浏览书架上的书籍，期望找到她的治疗师所推荐的两本书。“这很可笑，”她心想，“如果这些书那么好，那么我就不用花那么多钱请治疗师了，如果治疗师足够好的话，那我读这些书又干什么呢？”

市场上总是有源源不断的自助书籍的供应，并且保持着每周不断增长的势头。在专业的心理学家间，对于这类书是否有效，态度也不尽相同。一些人认为它们没有用，一些人认为它们有害，还有一些人认为它们非常有帮助。

就我们看来，这取决于书籍本身——有一些书是非常棒的，而有些书是平庸的，还有一些书是完全有害的。出版商会附上免责声明：这本书不能取代心理、医疗或其他专业服务，如果需要咨询，请去寻找一位专业人士。

在我们看来，自助书籍似乎有两个主要的弊端。第一个弊端是大多数自助书籍会给一些模糊和概括性的建议，这就使读者无法将此运用到实践中。第二个弊端更加严重，许多书籍结尾会责备受害者，使人们为有这样的问题而感到羞愧。让我们来看一下第一个弊端的一个比较典型的案例。

“改变你思考失败的方式”是一本书中给出的建议。这位所谓的专家阐释了那些能从挫折中吸取教训的人会比没有做到的人更加健康和幸福。显然这我们都知道！问题是我们怎么做才有效。

同样的，另一本自助书籍忠告，“请与你的感觉充分地接触”。作者指出我们倾向于用太多的事情填充日常生活，以致我们总感觉无法抓住事物的本质。所以他说我们应该通过研究自身的情绪来找到心理痛苦的源头。这里有两处不足：①感受自己的感觉（无论那意味着什么）经常会使人沮丧而不是获益，②作者并没有指出根据他的建议我们应该怎么做。

现在我们来说一下第二项批评（一些自助书籍中极具破坏性的一面），即人们为有这样的问题而感到羞愧或者甚至发展成为生理疾病。“你主宰着自己的生活，”一本书这样说，“并且你完全能决定接下来会遇到什么事情。”所以，根据这位作者的观点，如果一个人遭遇了交通事故也是自我策划的。这种错误和极端的主张是有害的。

我们通常使用自助书籍来补充心理治疗。配合咨询使用的话，一些书是非常有帮助的。如果说一幅图能胜过千言万语的话，虽然没有一本书能胜过一千次治疗，但是也能够加速问题的解决。

（值得一提的是，我们意识到本书也有可能存在类似的问题。然而，我们的意图是为大家提供针对一系列心理问题和相应的解决方法进行的简要探讨。我们不致力于掩饰我们的偏差和为你的特定问题提出治疗方案。正是由于人类心理问题的个人化和复杂性，我们还是建议大家寻求有资质的专业人员帮助。）